Tecnologia Educacional

Dados Internacionais de Catalogação na Publicação (CIP)
(Câmara Brasileira do Livro, SP, Brasil)

Pocho, Cláudia Lopes
Tecnologia Educacional : descubra suas possibilidades
na sala de aula / Cláudia Lopes Pocho, Márcia de Medeiros
Aguiar, Marisa Narcizo Sampaio ; Lígia Silva Leite (coord.).
8. ed. – Petrópolis, RJ : Vozes, 2014.

Bibliografia.
ISBN 978-85-326-2798-8

1. Sala de aula – Direção 2. Tecnologia Educacional
I. Aguiar, Márcia de Medeiros. II. Sampaio, Marisa Narcizo.
III. Leite, Lígia Silva. IV. Título.

02-5388   CDD-371.33

Índices para catálogo sistemático:
1. Tecnologia Educacional : Educação   371.33

Lígia Silva Leite (coord.)
Cláudia Lopes Pocho
Márcia de Medeiros Aguiar
Marisa Narcizo Sampaio

Tecnologia Educacional

Descubra suas possibilidades na sala de aula

2ª Reimpressão
Outubro/2016

EDITORA VOZES

Petrópolis

© 2003, Editora Vozes Ltda.
Rua Frei Luís, 100
25689-900 Petrópolis, RJ
www.vozes.com.br
Brasil

Todos os direitos reservados. Nenhuma parte desta obra poderá ser reproduzida ou transmitida por qualquer forma e/ou quaisquer meios (eletrônico ou mecânico, incluindo fotocópia e gravação) ou arquivada em qualquer sistema ou banco de dados sem permissão escrita da editora.

CONSELHO EDITORIAL

Diretor
Gilberto Gonçalves Garcia

Editores
Aline dos Santos Carneiro
Edrian Josué Pasini
José Maria da Silva
Marilac Loraine Oleniki

Conselheiros
Francisco Morás
Leonardo A.R.T. dos Santos
Ludovico Garmus
Teobaldo Heidemann
Volney J. Berkenbrock

Secretário executivo
João Batista Kreuch

Editoração: Elaine Mayworm
Capa: André Gross

ISBN 978-85-326-2798-8

Esta obra teve 4 edições anteriores publicadas pela Editora Francisco Alves, sob o título *Interpretação e ideologias*.

Editado conforme o novo acordo ortográfico.

Este livro foi composto e impresso pela Editora Vozes Ltda.

Sumário

Introdução, 7

Começo de conversa, 13

Tecnologias independentes, 19
Álbum seriado, • Blocão (ou *flip chart*), • Cartão-relâmpago, • Cartaz, • Ensino por fichas, • Estudo dirigido, • Flanelógrafo, • Gráfico, • História em quadrinhos, • Ilustração/gravura, • Instrução programada, • Jogo, • Jornal, • Jornal escolar, • Livro didático, • Livro infantojuvenil, • Mapa e globo, • Modelo, • Módulo instrucional, • Mural, • Quadro de giz, • Quadro de pregas, • Sucata, • Texto

Tecnologias dependentes, 65
Ambientes Virtuais de Aprendizagem (AVA), • Audioconferência (*Conference Call*), • *Blog*, • *Chat* ou bate-papo, • Correio eletrônico, • Computador, • Comunidades Virtuais de Aprendizagem (CVA), • DVD, • FAQs (*Frequently Asked Questions*) – Perguntas mais frequentes, • Fórum de discussão, • Internet e suas ferramentas, • Lista de discussão, • Lousa eletrônica ou digital/Lousa interativa/Quadro interativo/Quadro eletrônico, • Mídia sonora, • Página (*home page*) instrucional, • *Podcasting*, • *Palmtops*, *PDAs* e *Hand Helds*, • Programas de computador (*software*), • Rádio, • Site, • Slide, • Televisão comercial, • Televisão educativa, • Transparência para retroprojetor, • Vídeo, • Videoconferência, • *Webquest*, • Wiki

Um olhar necessário, 119

Referências, 129

Introdução

Constatar a presença da tecnologia no dia a dia de nossa vida não é tarefa complexa; basta olhar para algumas máquinas e equipamentos que nos cercam. A presença da televisão, por exemplo, é tão marcante que profissionais de diversas áreas discutem os benefícios e malefícios sociais da sua influência nas crianças, adolescentes e adultos. O mesmo tipo de discussão já é realizada também em relação ao computador e aos jogos eletrônicos. O telefone, o computador, os aparelhos de CD e DVD e, mais recentemente, celular, MP3 e MP4 *players* são também exemplos de tecnologias que já invadiram a vida de muitos brasileiros. Fora de casa é cada vez mais comum precisar fazer uso de computadores, como o caixa eletrônico do banco. Pode-se hoje identificar a existência da tecnologia em quase todas as áreas de atividade humana; sua presença parece irreversível.

Diante dessa realidade, a tecnologia deve estar também nas nossas escolas. Assim como a tecnologia para uso do homem expande suas capacidades, a presença dela na sala de aula amplia seus horizontes e seu alcance em direção à realidade. Para que os alunos interajam pedagogicamente com ela, de modo crítico e criativo – o que irá contribuir para a formação de cidadãos mais atuantes na sociedade tecnológica em que vivemos –, torna-se necessário que os professores conheçam e saibam utilizar educacionalmente as tecnologias disponíveis.

O avanço tecnológico tem sido muito rápido. Hoje é possível transmitir qualquer tipo de informação (escrita, falada, por imagens, digital) para qualquer lugar do mundo em fração de segundos.

Infelizmente esse avanço ainda não chegou à grande maioria das nossas escolas; apenas algumas já têm aparelhos de reprodução de vídeo e/ou DVD e computadores, além de outras tecnologias consideradas menos avançadas, porém úteis para o bom desenvolvimento do processo educacional.

Diante dessa realidade, um grupo de pesquisadores da Faculdade de Educação da Universidade Federal do Rio de Janeiro (UFRJ) decidiu desenvolver uma pesquisa que estudasse a presença da tecnologia na escola.

Do estudo semanal do grupo de pesquisa resultou um rico material que organizamos sob a forma de livro, por julgá-lo importante e valioso para a prática pedagógica diária do professor.

Lançamos nosso trabalho em 1996 e, devido ao interesse manifestado por educadores de diferentes partes do Brasil, optamos por rever, atualizar e ampliar o seu conteúdo, aqui apresentado nessa nova edição. Fruto de pesquisa, debate e sistematização de conhecimentos sobre as tecnologias, o livro se destina ao professor diante do desafio de inserir e integrar as tecnologias no cotidiano escolar. Mais de uma década se passou desde a elaboração da primeira edição deste livro e ainda hoje professores e alunos da área de Educação o procuram com o intuito de conhecer mais sobre as tecnologias disponíveis ao nosso redor e que devem ser inseridas às suas práticas pedagógicas.

As últimas décadas têm sido marcadas por uma aceleração no processo de desenvolvimento das tecnologias e a escola não pode ficar alheia a este fato. Por isso, nós, as autoras, nos sentimos no dever de compartilhar com nossos colegas algumas das tecnologias que surgiram desde a primeira vez que publicamos este trabalho. Estamos certas de que, uma vez mais, não conseguimos esgotar o assunto – nem era nossa pretensão –, mas sabemos que, com esta atualização do texto que inclui novas tecnologias, estamos disponibilizando uma variedade maior de possibilidades para os professores que estão atentos à realidade que nos circunda. Esta realidade é vivida intensamente pelas crianças e jovens que chegam às nossas salas de aula e, mesmo que essas tecnologias não estejam disponíveis em nossas instituições, temos o dever, enquanto profissionais da educação, de poder dialogar com nossos alunos sobre esses recursos que são parte integrante de suas construções enquanto sujeitos individuais e sociais.

Porém, não pensamos apenas nas tecnologias da informação e da comunicação. Voltamos também nossa atenção para outras tecnologias, comumente difundidas no ambiente escolar, como o tão conhecido quadro de giz, (re)significando o seu papel. Abordamos também, dentre outras, o quadro de pregas, as histórias em quadrinhos, o jornal, a sucata. Enfim, nos ocupamos de numerosas tecnologias, das mais simples, e nem sempre tão comuns, às mais complexas.

Como a Tecnologia Educacional se ocupa do estudo teórico-prático da presença e do papel dos recursos tecnológicos na educação, acreditamos que o conhecimento das tecnologias disponíveis na sociedade moderna é fundamental para um trabalho educacional transformador e de qualidade. Acreditamos também que apenas o domínio dessas tecnologias pelo professor não basta para garantir a contribuição efetiva delas para uma educação transformadora e de qualidade. Daí termos optado por um conceito mais amplo de Tecnologia Educacional:

> A Tecnologia Educacional fundamenta-se em uma opção filosófica, centrada no desenvolvimento integral do homem, inserido na dinâmica da transformação social; concretiza-se pela aplicação de novas teorias, princípios, conceitos e técnicas, num esforço permanente de renovação da educação (ABTE, 1982, p. 17).

Assim, as diversas tecnologias apresentadas neste livro somente refletirá o propósito da Tecnologia Educacional se forem utilizadas num contexto pedagógico que vise a renovação da educação mediante o desenvolvimento integral do homem (aluno), que está inserido no processo dinâmico de transformação social (ambiente sócio-econômico-cultural).

Sabemos que as escolas, devido a numerosos fatores, lidam com realidades específicas que muitas vezes impedem a utilização de algumas delas e, em casos extremos, de quase todas. No entanto, quando uma ou várias tecnologias forem utilizadas por professores e alunos, isso deve ser feito numa perspectiva crítica e dinâmica.

Daí o título do nosso trabalho: *Tecnologia Educacional: descubra suas possibilidades na sala de aula*, pois o limite de cada tecnologia ou da combinação de algumas tecnologias está, em grande parte, no domínio delas pelo professor e alunos.

Tomando por base um trabalho sobre Tecnologia Educacional desenvolvido por Thiagarajan e Pasigna (1988), do Setor de Pós-Graduação da Universidade de Harvard, nos Estados Unidos, decidimos agrupar as tecnologias estudadas em duas categorias: independentes e dependentes.

Tecnologias independentes são as que não dependem de recursos elétricos ou eletrônicos para a sua produção e/ou utilização.

Tecnologias dependentes são as que dependem de um ou vários recursos elétricos ou eletrônicos para serem produzidas e/ou utilizadas.

No primeiro capítulo, "Começo de conversa", procuramos estabelecer as bases em que se fundamentam, em nossa concepção, a relação educação e tecnologia, pois sabemos que a simples presença da tecnologia na sala de aula não garante qualidade nem dinamismo à prática pedagógica. No entanto, já que as tecnologias fazem parte do nosso dia a dia trazendo novas formas de pensar, sentir e agir, sua utilização na sala de aula passa a ser um caminho que contribui para a inserção do cidadão na sociedade, ampliando sua leitura de mundo e possibilitando sua ação crítica e transformadora.

Após apresentar o conjunto de tecnologias a que se dedica, o livro focaliza a leitura crítica dos meios de comunicação de massa no capítulo "Um olhar necessário" que expõe conceitos teóricos e apresenta sugestões de atividades práticas de leitura crítica dos meios de comunicação de massa.

Para cada tecnologia são apresentados:
- Conceito e características – definição sucinta da tecnologia e apresentação de alguns aspectos que a distinguem das outras.
- Sua construção – apresentação das etapas de construção e/ou

produção da tecnologia, quando ela puder ser elaborada pelo professor, ou seja, não necessitar de conhecimento técnico especializado como o que é necessário, por exemplo, para elaborar programas de computador.

- Como utilizar – apresentação de sugestões que podem facilitar o uso da tecnologia. Entretanto, estas sugestões devem ser analisadas criticamente pelo professor, considerando as características da situação de ensino-aprendizagem nas quais a tecnologia será utilizada.
- Mais algumas dicas – em geral, todas as tecnologias podem ser utilizadas em todos os níveis de ensino e para trabalhar diversos conteúdos. Procuramos, no entanto, quando necessário, incluir informações adicionais sobre algumas delas, que podem auxiliar ainda mais o profissional da Educação a descobrir novas possibilidades pedagógicas para a tecnologia em apreço.
- Uma possibilidade – este item apresenta descrições de experiências pedagógicas com o intuito de ajudar o professor a descobrir outras alternativas de utilização das tecnologias. Procuramos direcionar nossos exemplos para o trabalho no Ensino Fundamental.

Nosso objetivo consistiu em apresentar ideias e informações que podem e devem ser discutidas, questionadas, adaptadas, combinadas e ampliadas pelo profissional de Educação, levando-o a descobrir novas possibilidades de utilização das tecnologias.

Não tivemos a pretensão de expor todas as tecnologias existentes nem de esgotar as informações relativas a cada uma. Um trabalho dessa amplitude seria impossível no mundo de hoje, caracterizado pelo volume crescente de informações, pela rapidez desse crescimento e pela variedade das tecnologias disponíveis. Somos, a cada dia, desafiados por novas construções tecnológicas que invadem nossas vidas exigindo novas aprendizagens e a descoberta de novas maneiras de lidar com essas tecnologias. Por esta razão consideramos este trabalho incessante, e esperamos contar com a colaboração dos leitores que desejarem nos auxiliar, transmitindo-nos seus comentários e críticas. Relatos de experiências que utilizem tecnologias, assim como outras informações capazes de contribuir para um processo educacional transformador e de qualidade, de acordo com a perspectiva da Tecnologia Educacional, serão bem recebidos.

Colocamos-nos à disposição dos nossos colegas para continuarmos dialogando sobre nossas práticas educativas que hoje não podem mais ignorar a tecnologia que nos rodeia.

As autoras

Lígia Silva Leite
ligialeite@terra.com.br

Cláudia Lopes Pocho
pocho@furnas.com.br

Márcia de Medeiros Aguiar
marciaguiar@netfly.com.br

Marisa Narcizo Sampaio
marisamns@gmail.com

Começo de conversa

O que a educação tem a ver com tecnologia? Esta é a primeira pergunta que muitas vezes vem à mente dos educadores em geral quando se fala em Tecnologia Educacional. Antes de apresentar as diversas tecnologias contidas neste livro, algumas notadamente educacionais e outras não, julgamos ser conveniente levantar algumas questões sobre este assunto.

A presença inegável da tecnologia em nossa sociedade constitui a justificativa para que haja necessidade de sua presença na escola. A tecnologia é, como a escrita, na definição de Lévy (1993), uma tecnologia da inteligência, fruto do trabalho do homem em transformar o mundo em ferramenta desta transformação. Apesar de a produção das tecnologias ser controlada pelos interesses de lucro do sistema capitalista, sua utilização *ganha o mundo* e acontece também de acordo com as necessidades, os desejos e objetivos dos usuários.

Um histórico da introdução mais sistematizada das tecnologias na escola brasileira, iniciada em nosso país a partir dos anos 60, pode ajudar a esclarecer por que se formou sobre o assunto um certo preconceito no meio educacional. A proposta de levar para as salas de aula qualquer novo equipamento tecnológico que a sociedade industrial vinha produzindo, de modo cada vez mais acelerado, foi, no Brasil, uma das pontas de um contexto político-econômico cujos objetivos eram inserir o país no mercado econômico mundial como produtor e consumidor de bens, em uma perspectiva um desenvolvimento associado ao capital estrangeiro. Na educação isso se traduziu na defesa de um modelo tecnicista, preconizando o uso das tecnologias como fator de modernização da prática pedagógica e solução de todos os seus problemas.

A teoria pedagógica tecnicista, segundo Libâneo (1984), percebia a sociedade como um sistema harmônico e funcional, e a escola como a instituição que organiza, através de técnicas específicas, o processo de integração do indivíduo neste sistema. Nesta perspectiva, a educação é um universo fechado, sem ligação com as questões sociais, e gera seus próprios problemas, passíveis, portanto, de resolução mediante a utilização de modernas tecnologias e a elaboração de objetivos comportamentais e mensuráveis.

Nesse contexto surge a área de Tecnologia Educacional (TE) que, dentro da visão tecnicista, significava dar ênfase aos meios na educação sem questionar suas finalidades. A utilização da tecnologia na escola foi associada a uma visão limitada de educação, baseada em fundamentos teóricos e ideológicos externos.

Com o crescimento de um pensamento educacional mais crítico a partir dos anos 80, a Tecnologia Educacional passou a ser compreendida como uma opção de se fazer educação contextualizada com as questões sociais e suas contradições, visando o desenvolvimento integral do homem e sua inserção crítica no mundo em que vive, apontando que apenas utilizar tecnologia não basta; é necessário inovar em termos de prática pedagógica. A Tecnologia Educacional, portanto, ampliou seu significado, constituindo-se

> no estudo teórico-prático da utilização das tecnologias, objetivando o conhecimento, a análise e a utilização crítica destas tecnologias, ela serve de instrumento aos profissionais e pesquisadores para realizar um trabalho pedagógico de construção do conhecimento e de interpretação e aplicação das tecnologias presentes na sociedade (SAMPAIO & LEITE, 1999, p. 25).

A grande questão para a escola é a construção de um projeto pedagógico que permita a formação de cidadãos plenos. Nele a tecnologia estará inserida, de forma adequada aos objetivos, como uma das maneiras de proporcionar a professores e alunos uma relação profunda com o conhecimento.

Ao trabalhar com os princípios da TE, o professor estará criando condições para que o aluno, em contato crítico com as tecnologias da/na escola, consiga lidar com as tecnologias da sociedade sem ser por elas dominado. Este tipo de trabalho será facilitado na medida em que o professor se apropriar do saber relativo às tecnologias, tanto em termos de valoração e conscientização de sua utilização (por que e para que utilizá-las), quanto em termos de conhecimentos técnicos (como utilizá-las de acordo com as suas características) e de conhecimento pedagógico (como integrá-las ao processo educativo).

Percebemos, ao longo da pesquisa, que muitas vezes as tecnologias chegam à escola não por escolha do professor, mas por imposição. Desta forma, para utilizar tecnologias, o professor, muitas vezes, coloca de lado o conhecimento das outras tecnologias tradicionais. Talvez ele não tenha aprendido a usar tecnologias como o computador, mas deixa de valorizar tecnologias simples – como o quadro de pregas, por exemplo – que podem oferecer, dependendo do uso, desafios e possibilidades interessantes de construção de conhecimento. Por outro lado, sabemos que, apesar das carências das nossas escolas públicas, muito tem sido criado e construído pelo conjunto de professores, com o uso de alternativas às tecnologias de que não dispõem. Expondo aqui novas e velhas possibilidades das tecnologias educacionais na sala de aula, tentamos contribuir para que esse processo de apropriação e reapropriação possa ser fortalecido e ampliado.

Vivenciar novas formas de ensinar e aprender, incorporando as tecnologias, requer cuidado com a formação inicial e continuada do professor. Nesse sentido trabalhamos com base no conceito de alfabetização tecnológica do professor, desenvolvido a partir da ideia de que é necessário ao professor dominar a utilização pedagógica das tecnologias, de forma que elas facilitem a aprendizagem e que sejam objeto de conhecimento a ser democratizado e instrumento para a construção de conhecimento. Essa alfabetização tecnológica não pode ser compreendida apenas como o uso mecânico dos recursos tecnológicos, mas deve abranger também o domínio crítico da linguagem tecnológica.

O conceito de alfabetização tecnológica do professor

> envolve o domínio contínuo e crescente das tecnologias que estão na escola e na sociedade, mediante o relacionamento crítico com

elas. Este domínio se traduz em uma percepção global do papel das tecnologias na organização do mundo atual e na capacidade do professor em lidar com as diversas tecnologias, interpretando sua linguagem e criando novas formas de expressão, além de distinguir como, quando e por que são importantes e devem ser utilizadas no processo educativo (SAMPAIO & LEITE, 1999).

Queremos, assim, contribuir para a criação e para o processo de autoria do professor, deixando claro as diversas possibilidades das tecnologias. Por isso, as tecnologias são apresentadas neste livro como ferramentas de produção e meios de expressão de diferentes saberes para professores e alunos em suas práticas educativas. Valorizamos o conhecimento forjado na prática pedagógica, no cotidiano das escolas, nas formas encontradas para vencer os desafios postos diariamente a quem trabalha na perspectiva da emancipação, do diálogo, do desenvolvimento da autonomia e da ampliação da leitura de mundo dos educadores e educandos, possibilitando sua ação crítica e transformadora. A escola deve ser espaço aberto de interações diversas, produção de conhecimento e cultura por parte dos alunos, dos professores e da comunidade.

A proposta é enfatizar, na relação da educação com a tecnologia, a especialidade do profissional professor: o domínio do fazer pedagógico. É este domínio que deve determinar sua relação com o conhecimento e as tecnologias. Nesse sentido, o planejamento das atividades pedagógicas deve ser feito levando-se em consideração os objetivos e competências a serem atingidos e o conhecimento que se tem sobre os alunos, e não a tecnologia que se pretende usar, não perdendo de vista seu caráter de **meio** para atingir um fim. O domínio do professor deve se concentrar no campo crítico e pedagógico, pois assim ele evita ser vítima da imposição tecnológica na sala de aula, e pode ter opção de integrar ou não a tecnologia em seu currículo, de acordo com os objetivos e competências a serem desenvolvidos, e ainda escolher o momento apropriado para fazê-lo. O professor não pode perder a dimensão pedagógica.

Propomos a utilização das tecnologias na escola por serem frutos da produção humana, parte da sociedade e, como tal – como todas as tecnologias criadas pelo homem, como a escrita, por exemplo –, devem ter seu acesso democratizado, sendo desmistificadas. Os alunos devem ser educados para o domínio do manuseio, da criação e interpretação de novas linguagens e formas de expressão e comunicação, para irem se constituindo em sujeitos responsáveis pela produção. Podemos pensar ainda que a própria tecnologia pode ser um meio de concretizar o discurso que propõe que a escola deve fazer o aluno aprender a aprender, a criar, a inventar soluções próprias diante dos desafios, enfim, formar-se com e para a autonomia, não para repetir, copiar, imitar.

Consideramos que as tecnologias merecem estar presentes no cotidiano escolar primeiramente porque estão presentes na vida, e também para: (a) diversificar as formas de produzir e apropriar-se do conhecimento; (b) ser estudadas, como objeto e como meio de se chegar ao conhecimento, já que trazem embutidas em si mensagens e um papel social importante; (c) permitir ao aluno, através da utilização da diversidade de meios, familiarizar-se com a gama de tecnologias existentes na sociedade; (d) serem desmistificadas e democratizadas; (e) dinamizar o trabalho pedagógico; (f) desenvolver a leitura crítica; (g) ser parte integrante do processo que permita a expressão e troca dos diferentes saberes. Para isso, o professor deve ter clareza do papel delas enquanto instrumentos que ajudam a construir a forma de o aluno pensar, encarar o mundo e aprender a lidar com elas como ferramentas de trabalho. Enfim, elas não podem ser apenas objeto de consumo; devem ser apropriadas por todos os sujeitos da escola ativamente envolvidos na interpretação e produção do conhecimento visto como não estático, dado ou acabado; não sendo considerado uma verdade única e universal; mas sim provisório, histórico, socialmente marcado, em construção constante e, tal como a realidade, dinâmico, diverso e mutável.

Para terminar, respondendo à questão inicial, julgamos que educação tem a ver com tecnologia justamente porque o avanço tecnológico ainda não chegou para todos e a maioria das pessoas ainda não tem acesso ao conhecimento sobre ele. Logo, cabe à escola agir **com** e **sobre** as tecnologias. Assim, a área de educação precisa dominar o potencial educativo das tecnologias e colocá-las a serviço do desenvolvimento de um projeto pedagógico que vise a construção da autonomia dos educandos e a formação para o exercício pleno da cidadania.

Sabemos que os seres humanos aprendem a interpretar o mundo a partir da lógica que possuem, construída através de suas experiências, do que aprendem a perceber, observar, conviver. Uma vez que os meios de comunicação e as tecnologias em geral influenciam os modos dos grupos se relacionarem com o conhecimento e até a sua forma de ver, ler e sentir, a escola tem o papel de garantir que a cultura, a ciência e a técnica não sejam propriedade exclusiva das classes dominantes, desmistificando a linguagem tecnológica e iniciando seus alunos no domínio do seu manuseio, interpretação, criação e recriação desta linguagem.

1

Tecnologias independentes

Álbum seriado

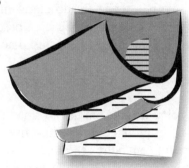

Conceito e características

É composto de um conjunto de folhas, geralmente presas em madeira, papelão ou até mesmo em um cabide. Nesse conjunto de folhas, um tema é apresentado com frases curtas, palavras-chave, ilustrações, gráficos, mapas, histórias ou qualquer outra forma de representação que simbolize as ideias a serem trabalhadas de forma sintética e sequenciada.

Sua construção

O álbum seriado pode ser construído sobre uma base de madeira ou de qualquer outro material resistente, na qual as folhas serão encaixadas e presas por prendedores ou parafusos. Também pode ser improvisado com um cabide de calça ou saia prendendo as folhas. O cabide pode ser pendurado no quadro de giz, na parede ou numa cadeira colocada sobre a mesa.

Como utilizar

O álbum seriado pode ser usado para roteiro de aula, como apresentação, verificação e conclusão de um assunto, facilitando a compreensão do tema.

Para maior eficiência em sua utilização deve-se:

- planejar a apresentação;
- colocar o álbum seriado em lugar visível;
- desenvolver com calma o assunto de cada página;
- combinar a utilização do álbum seriado com a de outras tecnologias, como, por exemplo, quadro de giz, para explicar qualquer assunto que não tenha ficado claro; material impresso distribuído para completar a explicação; pesquisa na internet como atividade prévia, antes da conclusão no álbum seriado.

Uma possibilidade

Em um projeto sobre dengue em uma turma do 5º ano do Ensino Fundamental foi definido, como produto final, a realização de palestras sobre o assunto em outras escolas e associações da comunidade, com o objetivo principal de explicar como a doença é transmitida e como preveni-la. Como apoio e ilustração para o texto elaborado para a palestra, a turma confeccionou um álbum seriado que facilitou a apresentação em qualquer local.

Blocão *(ou flip chart)*

Conceito e características

Semelhante ao álbum seriado, é composto de um conjunto de folhas presas em madeira ou cabide que pode ficar pendurado na parede, apoiado em cadeira ou colocado em um cavalete.

Sua construção

A forma é a mesma utilizada para construir o álbum seriado, só que as folhas vão sendo colocadas à medida que forem utilizadas.

Como utilizar

Em ambientes não escolares pode substituir o quadro de giz, sendo constituído de folhas em branco. Pode também ser muito útil para armazenar textos e informações às quais professor e alunos precisam retornar ou consultar com frequência.

Uma possibilidade

Com uma turma de EJA (Educação de Jovens e Adultos) a professora sempre escreve os textos trabalhados em folhas de papel pardo e as coloca no blocão. Assim o texto pode ser lido por toda a turma várias vezes, pode ser consultado quando da realização das atividades e em todas as explorações que o grupo quiser fazer com ele. Mantido no blocão, o texto permanece como um banco de palavras a serem consultadas.

Cartão-relâmpago

Conceito e características

Consiste em cartões que contêm em um dos lados uma determinada informação e/ou pergunta que é mostrada rapidamente ao aluno. No caso de pergunta, a resposta deve ser colocada no verso do cartão.

Sua construção

Os cartões-relâmpago podem ser feitos de cartolina, papel-cartão, papel A4 ou qualquer outro material. O importante é que a informação seja clara e bem visível para os alunos.
Já existem diversos modelos de cartão-relâmpago no mercado.

Como utilizar

Uma maneira de utilizá-los é apresentando-os aos alunos. Quando se trata de perguntas, as respostas devem ser confrontadas com as que estão no verso. Outra forma de utilização é colocar os cartões em sequência, retirando um e pedindo aos alunos que identifiquem a informação que está faltando; isso pode facilitar a memorização das informações apresentadas e auxiliar na compreensão dos assuntos. Pode também ser utilizado em atividades de associação com figuras e/ou ilustrações.

Além dessas opções, pode-se entregar o conjunto dos cartões aos alunos para que eles respondam as perguntas de acordo com seu ritmo próprio, conferindo as respostas à medida que estudam cada cartão. Essa proposta de utilização abre possibilidade para que os próprios alunos descubram outros usos, como, por exemplo, jogos com os cartões.

Quando já estiverem familiarizados com esta técnica, os próprios alunos poderão produzir cartões-relâmpago para serem utilizados pela turma e até por outras turmas. Dessa forma os alunos não só dominam a técnica como também constroem o conhecimento, tornando-se participantes no processo de ensino-aprendizagem.

Uma possibilidade

Os cartões-relâmpago foram utilizados com uma turma do 3º ano do Ensino Fundamental como uma das atividades para a aplicação da tabuada.

Após a realização de uma sequência de atividades com as operações de multiplicação e divisão, a professora realizou um jogo em duplas no qual os alunos apresentavam para o colega os cartões. Na primeira vez os cartões mostravam o produto para o aluno dizer a operação; na segunda vez era mostrada a operação para que o colega desse a resposta.

Ao final de cada etapa as operações e as respostas eram registradas no caderno.

Cartaz

Conceito e características

Material visual contendo uma mensagem que pode ser expressa por uma ilustração e/ou complementada por uma frase simples com ela relacionada.

O cartaz é um recurso que pode concretizar ou sintetizar ideias, mostrar etapas de um processo ou fatos relacionados, fazer o leitor visualizar conceitos e ser sensibilizado para temas desejados.

É um tipo de texto informativo, às vezes publicitário, que contém o mínimo de recursos expressivos para chamar a atenção.

Um bom cartaz deve atrair o olhar, prender a atenção, comunicar ideias rapidamente e transmitir uma mensagem bem definida.

Sua construção

O cartaz pode ser facilmente elaborado pelo professor, pelos alunos ou em conjunto. No entanto, para que o objetivo seja alcançado, é preciso empregar técnicas de utilização de cores, letras e ilustrações.

Os seguintes aspectos devem ser priorizados:

- planejamento, relacionando o cartaz aos objetivos definidos previamente;
- ilustração que chame a atenção e esteja relacionada ao tema;
- texto claro, simples e com linguagem compreensível;
- distribuição do texto sobre o papel, das cores, dando-se ênfase à diagramação, ao tamanho e ao tipo da letra;
- conjunto harmônico, para que a mensagem seja percebida rapidamente;
- ponto de interesse intenso e dominante.

Como utilizar

Quando previamente elaborado pelo professor, o cartaz deverá ser explorado na sala de aula, afixado em lugar visível e poderá ser citado quando a turma voltar a tratar daquele tema.

No caso de o cartaz ter sido produzido pelos alunos, deverão ser seguidas por eles, sob supervisão do professor, as orientações apresentadas no item "Sua construção", e deverá ter uma utilidade real.

Se o cartaz se referir a campanha, convocação ou aviso poderá ficar exposto por algum tempo nos locais de maior circulação.

Mais algumas dicas

O professor deve incentivar os alunos a confeccionar cartazes a fim de desenvolver sua criatividade e explorar este tipo de texto para leitura e escrita.

O cartaz pode ser usado para despertar o interesse do aluno pelo estudo de um assunto; advertir; tornar o ambiente favorável à formação do aluno; desenvolver campanhas; incentivar a experiência criadora.

Uma possibilidade

Os alunos de uma turma do 4º ano do Ensino Fundamental leram diferentes livros de Monteiro Lobato. Depois do debate e das diversas atividades realizadas, chegaram à conclusão de que deveriam incentivar os alunos das demais séries a ler os livros. Concluíram que a melhor maneira seria confeccionando cartazes e afixando-os nas paredes da escola, para despertar o interesse dos colegas.

Os alunos, junto com a professora, levantaram as características de um bom cartaz, para só depois confeccioná-los em grupos.

Ensino por fichas

Conceito e características

Esta tecnologia consiste em um material impresso de autoestudo, composto de fichas de diferentes tipos. As fichas são organizadas com o objetivo de apresentar informações que pretendam levar o aluno a realizar operações mentais baseadas nos diversos níveis do domínio cognitivo: informação, compreensão, aplicação, análise, síntese e avaliação de conhecimentos.

Existem sete tipos de fichas:

- **Instruções** – apresentam orientações sobre a maneira de utilizar o conjunto de fichas de autoestudo.
- **Objetivos** – contêm os objetivos propostos para o conjunto de fichas.

- **Informação** – apresenta informações novas para o aluno ou informações que complementam a aula. Podem ser ilustradas com gráficos e desenhos que facilitem seu estudo.
- **Atividades** – propõem atividades de aplicação, análise e síntese do conteúdo estudado na ficha de informação. Este tipo de ficha visa a produção do aluno, a formação de hábitos de estudo e o desenvolvimento do pensamento reflexivo.
- **Avaliação** – contém a correção das atividades, que possibilitam a verificação do alcance ou não dos objetivos.
- **Atividades alternativas** – proporcionam novas formas de aprendizagem ao aluno que não atingiu os objetivos propostos.
- **Desenvolvimento** – é destinada ao aluno que atingiu os objetivos do conjunto de fichas. Possibilita a ampliação do conhecimento adquirido.

Sua construção

Para a elaboração desta tecnologia são sugeridas as seguintes etapas:

a) Redação da ficha de objetivos – contém os objetivos que se deseja alcançar com a utilização do material.

b) Redação dos conjuntos de fichas (informação, atividades e avaliação) – podem ser elaborados tantos conjuntos de fichas quantos forem necessários para alcançar os objetivos de uma determinada situação de aprendizagem. Devem ser utilizadas pequenas quantidades de informação em cada conjunto de fichas.

c) Redação das fichas de atividades alternativas e de desenvolvimento – não há necessidade de elaborar uma ficha de desenvolvimento e outra de atividades alternativas para cada conjunto de fichas de informação, atividades e avaliação. Apenas uma ou duas fichas de desenvolvimento e de atividades alternativas no final de todas as fichas são, em geral, suficientes.

d) Redação de uma ficha de instruções para que o aluno, sozinho, saiba como manusear o conjunto de fichas.

e) Teste das fichas – os alunos de outras turmas do mesmo ano devem ler e apresentar suas dúvidas quanto a pontos que não tenham ficado claros, bem como suas sugestões. As opiniões de outros professores também são importantes.

f) Revisão e ampliação periódica do conjunto de fichas para atualizá-lo.

Como utilizar

O trabalho do aluno, nesta técnica, em geral processa-se na sala de aula, sob supervisão e orientação do professor.

As fichas podem ser dispostas em uma mesa, na ordem em que serão estudadas pelo aluno, embora não deva haver rigidez na utilização delas, podendo o professor decidir de acordo com a necessidade e o contexto. Pode-se, por exemplo, usar apenas três tipos de fichas: informação, atividades e avaliação, excluindo-se as fichas de atividades alternativas e desenvolvimento; contudo, deve-se tomar cuidado para, ao reduzir o número de fichas, não descaracterizar a técnica, fugindo ao que ela tem de essencial.

Mais algumas dicas

As fichas podem ajudar bastante o professor que queira trabalhar de forma diversificada com a sua turma: como sistematização, aprofundamento, ilustração e/ou incentivo à aprendizagem, dependendo do objetivo do professor e/ou do interesse dos alunos.

Recomenda-se o seu uso apenas para os alunos com maturidade suficiente para compreender a estrutura do material e sua dinâmica de utilização.

Uma possibilidade

Após serem realizadas as atividades previstas para trabalhar o objetivo de identificar os problemas ambientais do planeta em uma turma de 6° ano do Ensino Fundamental, o professor avaliou a turma e verificou que alguns alunos não tinham alcançado os objetivos propostos. Decidiu, então, elaborar um conjunto de fichas para que os alunos tivessem mais uma oportunidade sistematizada de estudar o tema.

Estudo dirigido

Conceito e características

É uma técnica composta de um texto e de um roteiro para estudo, que tem por objetivo básico orientar e estimular o aluno nos métodos de estudo e de desenvolvimento do pensamento. Sua finalidade é ajudar o aluno a aprender a estudar e, por isso, exige dele comportamentos como: concentrar a atenção no trabalho, estudar escrevendo e sublinhando, prever o tempo de estudo, selecionar o material necessário, escolher local apropriado, estudar procurando estabelecer relações, organizar ficha-resumo ao final do estudo. Esta técnica proporciona, também, uma leitura/estudo ativa que levará o aluno a interpretar, extrapolar e aprofundar o texto.

Embora a forma mais frequente de estudo dirigido seja mediante atividade com um texto, podem ser encontradas, na literatura especializada, outras modalidades desta tecnologia. O professor pode elaborar um roteiro contendo orientações para o aluno: manipular materiais ou construir objetos e chegar a certas conclusões; observar objetos, fatos ou fenômenos e tomar notas; realizar experiências e redigir relatórios chegando a certas generalizações. O roteiro pode prever atividade de estudo individual ou em grupo.

Sua construção

Para elaborá-lo o professor precisa:
a) Definir os objetivos que pretende alcançar com o estudo dirigido.
b) Selecionar o texto que deve ser adequado aos alunos, aos objetivos do estudo dirigido e oferecer boas fontes de informação.
c) Com base no texto, elaborar cuidadosamente o roteiro de estudo que orientará o aluno.
d) No caso de não estar baseado em leitura de texto, elaborar o roteiro de atividades do aluno de acordo com o planejamento e os materiais de que dispõe.

Como utilizar

O professor apresenta o tema, fornece as instruções gerais e distribui o roteiro de estudo acompanhado de um texto. Os alunos iniciam o trabalho, individualmente ou em grupo, dependendo da estrutura do roteiro de estudo. Durante o desenvolvimento da atividade, o professor esclarecerá as dúvidas. A seguir, cada aluno ou grupo apresenta o trabalho realizado. Segue-se uma discussão das conclusões e uma avaliação final.

Mais algumas dicas

Um dos principais objetivos desta tecnologia é ajudar o aluno a aprender a estudar sozinho, ao mesmo tempo que ensina determinado conteúdo por meio de um texto ou outras atividades de observação, solução de problemas etc. Poderá ser utilizada pelo professor quando o seu objetivo for desafiar os alunos em sua capacidade de análise e síntese. Uma outra alternativa a ser considerada é a de trabalhar individualmente com um aluno para orientá-lo no processo de aprendizagem.

Uma possibilidade

Uma turma de 4° ano do Ensino Fundamental estava com dificuldade de extrair ideias principais dos parágrafos. O professor utilizou uma série de estudos dirigidos que tinham como objetivo principal o desenvolvimento dessa capacidade. Para isso selecionou vários textos de jornais e revistas e elaborou roteiros de estudo para cada um deles, propondo atividades de identificação das ideias contidas nos textos, além de sua interpretação e crítica.

Flanelógrafo

Conceito e características

Consiste em uma prancha rígida que tem um lado revestido de flanela, pelúcia ou feltro, onde são aplicadas figuras com pedaços de lixa ou velcro colados na parte posterior para aderir ao revestimento da prancha.

Também existe o flanelógrafo magnético, conhecido como magnetógrafo ou imantógrafo.

É um recurso versátil, pois permite ao professor trabalhar diferentes informações sobre a forma de: palavras, gráficos, símbolos ou imagens. Possibilita, também, uma distribuição dos símbolos em uma sequência ou de maneira alternada, variando suas posições.

O flanelógrafo pode ser fixo ou portátil; e este último pode ser conjugado com o álbum seriado ou o quadro de pregas.

Sua construção

O material que servirá de base para o quadro pode ser de papelão grosso, madeira compensada, isopor ou algum outro material semelhante. Sobre uma das faces estende-se a flanela, pelúcia ou feltro, de cor lisa e neutra, bem esticado e bem preso no verso.

Pode ser colocada uma alça para pendurá-lo na parede e facilitar o seu transporte.

As flanelogravuras podem ser desenhadas, pintadas ou recortadas de fontes diversas (revistas, jornais etc.), coladas em cartolina e, se possível, plastificadas, para ficarem mais resistentes e duráveis. No verso deverão ser coladas tiras de lixa para madeira (n° 1) ou velcro, para a fixação no flanelógrafo.

O imantógrafo é um quadro feito de chapa fina de ferro ou outro material ferromagnético. Preparam-se as figuras para o imantógrafo da mesma maneira que para o flanelógrafo, com a única diferença de que devem ser fixados pequenos ímãs no verso de cada figura ou ímãs autocolantes.

Como utilizar

À medida que o assunto for sendo trabalhado, apresentar gravuras, palavras, gráficos, símbolos ou imagens a ele relacionados, fixando-os no flanelógrafo. Para não dificultar a compreensão, o flanelógrafo não deve ficar sobrecarregado de informações.

Antes do início da atividade, as informações devem ser arrumadas na sequência em que serão utilizadas, para evitar interrupções enquanto se procura as informações desejadas.

Mais algumas dicas

Este recurso pode ser utilizado para trabalhar qualquer assunto, contar ou criar histórias, apresentar figuras geométricas, realizar atividades de classificação, contagem.

As gravuras devem descrever claramente a ação, personagem ou objeto que representam.

Aqui estão algumas ideias adicionais para o uso desta tecnologia:
- ordenar palavras ou frases de acordo com a sequência das ilustrações;
- efetuar cálculos de números inteiros e frações, mostrando os elementos concretos e as sentenças matemáticas;
- expor mapas, destacando em cores diferentes os temas em estudo;
- comparar gravuras e desenhos de épocas distintas da história.

Uma possibilidade

Uma professora de Francês utiliza o flanelógrafo em suas aulas. Ela cria o material e desenvolve suas aulas de linguagem oral levando os alunos a: elaborar histórias; interpretar personagens; criar diálogos; selecionar frases corretas; construir novas frases.

Depois de explorar didaticamente esta tecnologia, distribui material impresso, desenvolvendo, sistematizando e exercitando a linguagem escrita.

Gráfico

Conceito e características

É uma representação visual de dados numéricos. Existem vários tipos de gráficos e entre os mais conhecidos estão os de barra, linear e de setores.

O gráfico apresenta a realidade quantificada. Como forma de expressão, envolve a utilização de símbolos e a interpretação de legendas. Os dados numéricos devem ser apresentados de forma visualmente atraente, para facilitar sua análise e comparação.

Sua construção

Alguns gráficos são mais fáceis de elaborar do que outros, mas todos eles devem obedecer às técnicas para o seu traçado, encontradas em livros de Estatística Básica ou outras publicações especializadas.

No caso de o professor não se sentir seguro para elaborar diferentes tipos de gráfico, sugere-se que ele utilize com seus alunos gráficos publicados em livros, revistas e jornais e discuta o assunto com seus colegas.

Como utilizar

Como os gráficos são utilizados para organizar dados numéricos, é importante participar com os alunos em sua elaboração e orientá-los quanto à sua interpretação.

Podem ser utilizados nos diversos componentes curriculares para resumir, comparar e interpretar dados quantitativos de qualquer área.

Mais algumas dicas

A atividade de elaboração e análise de gráficos deve começar com o traçado de gráficos simples, partindo da realidade imediata dos alunos; por exemplo, a partir da quantidade de meninos e de meninas da turma, do número de turmas em cada série da escola, dos conceitos obtidos pelos alunos etc.

Os programas de computador de planilha eletrônica constroem os gráficos automaticamente. Desta forma, o aluno visualiza a transformação dos dados numéricos em gráficos.

Uma possibilidade

Antes de serem desafiados a elaborar gráficos, os alunos devem ter a oportunidade de analisar e interpretar diversos tipos.

Para familiarizar seus alunos com diferentes tipos de gráficos, o professor pediu que cada um retirasse alguns gráficos de jornais e revistas. Durante a aula, orientou-os em suas análises, considerando os seguintes aspectos: formato, assunto, variáveis e elementos.

Realizada esta atividade de familiarização, o professor propôs que os alunos realizassem uma enquete para saber qual o time de futebol que a maioria dos alunos torcia. Divididos em grupos, os alunos entrevistaram todas as turmas do colégio e, depois, na sala de aula fizeram a tabulação de dados com o professor.

Com os dados tabulados, os alunos tiveram a oportunidade de elaborar gráficos com populações específicas.

Ex.: *ranking* do time mais votado na escola; o time de preferência das meninas; o time predileto da turma 401 etc.

História em quadrinhos

Conceito e características

As histórias são formadas por sequências de quadros que utilizam dois códigos de signos gráficos – a imagem e a linguagem escrita – conjugando dois tipos de arte – literatura e desenho.

Sua construção

Sugere-se que os alunos, sob orientação do professor, selecionem temas e desenvolvam histórias que depois possam ser representadas em quadrinhos. Pode ser um trabalho de equipe, no qual diferentes alunos, com diferentes habilidades, possam contribuir de maneira diversa durante o desenvolvimento de todo o trabalho.

Após ser escolhido o tema da história e suas personagens principais, deve-se redigi-la e transformá-la na sequência de desenhos com as falas (balões). O professor pode pedir também que os alunos utilizem os desenhos e falas de histórias em quadrinhos publicadas para compor novas histórias, criadas por eles.

Como utilizar

Primeiro, os alunos devem ler e analisar diversas histórias em quadrinhos, observando o título, o enredo, os personagens, o tipo de linguagem, a estrutura (falas e balões). Em seguida podem compor outras que só possuam ilustrações e/ou transformar diálogos em histórias em quadrinhos.

Já familiarizados com esta linguagem e tipo de texto, os alunos poderão criar suas próprias histórias em quadrinhos. Durante esse processo o professor observa e proporciona condições para que os alunos desenvolvam criatividade, sequência lógica, domínio da língua, independentemente das áreas de conhecimento dos conteúdos.

Além disso, este recurso pode ser usado para introduzir novo assunto, desenvolver o conteúdo de uma área de conhecimento (há, por exemplo, no mercado, um livro de História do Brasil em quadrinhos), suscitar debates e/ou concluir uma unidade do programa.

Uma possibilidade

Um professor de Ensino Fundamental aproveitou a criatividade dos seus alunos para conscientizá-los sobre a questão ambiental e a preservação do meio ambiente.

Após duas semanas de pesquisas, leituras de textos informativos sobre poluição, chuva ácida, camada de ozônio, doenças respiratórias, uma das atividades de sistematização desses assuntos tratados foi a criação de uma história em quadrinhos.

Os alunos, sob a orientação do professor, criaram uma história que abordava os temas antes estudados. Depois, em conjunto, leram a história e foram destacando o texto para cada quadro.

O terceiro passo foi levantar as características físicas dos personagens e do ambiente em que se passava a história.

A turma foi dividida em duplas. E cada dupla criou um quadro da história de acordo com a parte do texto indicada e considerando as características listadas anteriormente.

Quando cada dupla finalizou, a história em quadrinhos foi montada respeitando a sequência lógica da história.

Ilustração/gravura

Conceito e características

Termos genéricos que abrangem desenhos, fotografias, estampas, símbolos, pinturas não transparentes etc. têm, na sala de aula, as funções de esclarecer, elucidar, ilustrar.

Podem ser classificadas em:

Ilustrações realísticas – são as que reproduzem a realidade, como as fotografias.

Ilustrações simbólicas – são as que se valem de símbolos para representar a realidade, como os mapas. Estas precisam ser "decifradas", isto é, exigem um conhecimento prévio que possibilite o entendimento das legendas e símbolos utilizados.

Sua construção

Os alunos e/ou professores podem desenhá-las, usar fotografias, recortá-las ou copiá-las de revistas, jornais ou outras publicações e, ainda, retirá-las da internet.

Para melhor manuseio, conservação e apresentação, sugere-se que as ilustrações sejam coladas em superfície mais resistente.

Como utilizar

As ilustrações podem ser utilizadas sozinhas, em cartazes, murais didáticos, quadros de avisos, jornais escolares, flanelógrafos, quadros de giz, álbuns seriados, quadros de pregas etc.

Como importante fonte de pesquisa e informações, podem ser utilizadas isoladamente ou em conjunto para introduzir e esclarecer novos conceitos, modificar noções errôneas, acompanhar discussões de grupo, recapitular um assunto já estudado, facilitar a compreensão de textos, estimular a imaginação.

Para ser eficiente, a utilização das ilustrações deve ter objetivos específicos, tornando-se parte integrante da aula. As ilustrações podem ser combinadas com outros materiais didáticos, como alguma mídia sonora e texto ou apostila, previamente selecionados.

Mais algumas dicas

As principais vantagens das ilustrações são o baixo custo e a facilidade de obtenção. Além disso, elas reproduzem a realidade, mostram aspectos gerais, facilitam a percepção de detalhes, reduzem ou ampliam um objeto, tornam próximos fatos e lugares distantes no tempo e no espaço, proporcionam melhor compreensão de diversos processos e seu uso pode ser tanto individual como coletivo. Podem também ser apresentadas mediante projeção de opacos, o que requer um aparelho especial denominado epidiascópio, projeção em transparências para retroprojetor ou projeção em canhão multimídia.

As ilustrações fazem parte da vida cotidiana e são amplamente utilizadas como meios de comunicação visual. Por isso é importante ensinar o aluno a "lê-las", principalmente as simbólicas, mostrando que uma imagem é um recorte da realidade, um ponto de vista, já que a interpretação é uma capacidade pessoal e importante fator de inserção e de participação na sociedade.

É aconselhável que professores e alunos organizem, na sala de aula, um arquivo de gravuras, selecionadas de acordo com a sua qualidade e separadas por assunto.

No início de cada ano letivo o professor pode solicitar aos alunos que contribuam com fotos e figuras, indicando-lhes os temas que serão possivelmente utilizados para classificar as gravuras. Alguns exemplos: vegetais, animais, transporte, família, cenas de rua.

Em relação à autoria de fotos e ilustrações, cabe ao professor conscientizar a turma sobre a necessidade de indicar quem foi o fotógrafo ou ilustrador da gravura. No caso de gravuras criadas pelos próprios alunos, é importante a valorização da autoria. O aluno ou grupo de alunos (se a criação foi coletiva) deve assinar a sua produção.

Uma possibilidade

A partir da apreciação de fotos da exposição "Êxodos" do fotógrafo Sebastião Salgado, uma turma de 5° ano do Ensino Fundamental realizou vários estudos de geografia do Brasil e da América Latina, a respeito das migrações no continente, formação de grandes centros urbanos, reforma agrária e os movimentos sociais envolvidos nestas questões.

Instrução programada

Conceito e características

Material impresso para ser usado individualmente pelo aluno quando o objetivo for a aprendizagem de conceitos, regras, procedimentos ou princípios de determinada unidade de ensino. São suas principais características:

- ter objetivos claramente definidos;
- apresentar informações em sequência lógica e em pequenas etapas;
- exigir participação ativa do aluno (à medida que ele lê, pensa e registra por escrito a sua resposta);
- permitir que o aluno caminhe em seu ritmo próprio (alguns alunos estudam mais rapidamente do que outros).

Há dois tipos de instrução programada: a linear e a ramificada. O primeiro é baseado na teoria do condicionamento operante de Skinner e foi muito utilizado na década de 70; o segundo baseia-se na teoria da comunicação e possui uma estrutura diferente, na qual o aluno, com erros e acertos, percorre caminhos diferentes de instrução até atingir o objetivo proposto.

Sua construção

Seu processo de elaboração é complexo e exige conhecimento técnico e experiência em redação de material de ensino. Sugere-se que o professor interessado em utilizar esta tecnologia procure nas bibliotecas e livrarias instruções programadas adequadas aos seus objetivos de ensino.

Como utilizar

O professor distribui uma cópia da instrução programada para cada aluno, que a realiza dentro ou fora da sala de aula, de acordo com seu ritmo próprio de estudo, obtendo imediatamente correção e controle do seu rendimento, uma vez que as perguntas e respostas fazem parte do material.

Mais algumas dicas

Após o estudo da instrução programada, o professor deve realizar debate sobre o conteúdo estudado para que os alunos possam desenvolver seu senso crítico em relação às informações recebidas.

Com o avanço da informática, as instruções programadas podem ser instaladas em computadores para o estudo na sala de aula ou em outros ambientes, como em casa.

Recomenda-se o uso:
- na ausência do professor;
- quando se pretende reduzir a competição entre os alunos;
- para alunos que já dominem o processo de leitura e escrita;
- para desenvolver ou ampliar o conhecimento de conteúdos diversos.

Uma possibilidade

Antes de a turma ir a uma excursão no Museu da República, era fundamental que conhecesse os principais fatos e personalidades desse período da história brasileira, pois assim poderia apreciar melhor o que veria no museu. Para essa atividade o professor selecionou uma instrução programada abordando os conteúdos básicos prévios para a visita ao museu.

Cada aluno recebeu uma cópia da instrução programada duas semanas antes da excursão e a levou para casa para fazê-la quando achasse mais conveniente, sendo necessário respeitar a data-limite que era a véspera da excursão. Durante a visita, o professor verificou que as perguntas e comentários dos alunos estavam embasados em fatos, personalidades e datas já conhecidas. Os alunos tiveram oportunidade de estudar previamente em seu ritmo próprio, e de adquirir os conceitos básicos úteis para uma apreciação mais profunda desse período histórico brasileiro.

Jogo

Conceito e características

O jogo é uma atividade física ou mental organizada segundo regras que definem a vitória ou a derrota.

É um fenômeno cultural com múltiplas manifestações que variam conforme o contexto histórico e social.

O ato de jogar é tão antigo como o próprio homem, que sempre manifestou uma tendência lúdica, isto é, um impulso para a diversão. Sendo parte integrante da vida, o jogo tem uma função vital para descarga de energia e principalmente como forma de assimilação da realidade, além de ser culturalmente útil como expressão de ideais comunitários.

O espírito de competição deve ter como tônica o desejo do jogador de superar a si próprio, empenhando-se em aperfeiçoar cada vez mais suas habilidades e destrezas. A situação de jogo deve constituir um estímulo ao esforço pessoal para o autoaperfeiçoamento.

Sua construção

Os jogos podem ser inventados pelo professor, pelos alunos, pelo professor e alunos; podem ser selecionados de livros e/ou revistas e resgatados da memória da cultura local; ou, ainda, é possível adquirir no mercado jogos educativos ou outros que, mesmo não tendo esse teor, podem ser utilizados educacionalmente.

Como utilizar

Embora as regras específicas de cada jogo variem, o professor deverá tomar alguns cuidados ao utilizar jogos: selecioná-los de acordo com a maturidade do grupo, os objetivos de ensino, os conteúdos conceituais, procedimentais e atitudinais que se espera que os alunos desenvolvam; dominar as etapas e/ou regras do jogo que serão utilizadas nas jogadas; providenciar material necessário com antecedência.

Ao utilizar jogos o professor deve ter certeza de que os alunos conhecem as regras antes do seu início. Estas regras podem ser estabelecidas pelo próprio grupo.

Mais algumas dicas

As pessoas aprendem mediante interação com o meio e com as outras pessoas. Nessa perspectiva, o jogo é uma atividade lúdica que facilita a interação dos alunos com o meio. Sua utilização é, portanto, indicada para todos os níveis de ensino.

O jogo pode ser utilizado como recreação e também em atividades de todos os componentes curriculares com diferentes propostas:

- como forma de trabalhar diversos conteúdos;
- para integração da turma;
- para desenvolver espírito solidário e respeito mútuo;
- para desenvolver o espírito de grupo, onde todos têm um objetivo comum.

A brincadeira por si só não garante a aprendizagem; o que pode torná-la uma estratégia didática é a intencionalidade educativa, são as situações planejadas e orientadas pelo professor.

Além disso, eles oportunizam ao aluno criar estratégias; aprender a ser crítico e confiante em si mesmo; incentivam a troca de pontos de vista, o que contribui para o desenvolvimento da autonomia.

Uma possibilidade

Uma professora de Matemática utiliza jogos para trabalhar a tabuada, como forma prazerosa de lidar com este conteúdo. Ela elaborou os jogos a partir da ideia de outros jogos já existentes, adaptando-os ou partindo deles para levar o aluno a montar a operação, tais como: bingo, baralho, roleta e loteria.

A loteria, por exemplo, é desenvolvida da seguinte maneira: distribui-se um cartão de loteria (pode ser desenhado e/ou criado pelo professor/aluno) com quatro colunas. Os números que preencherão a primeira e a segunda colunas são ditados.

A seguir, o aluno formula oralmente tabuadas para cada jogo. Caso o resultado esteja na coluna um ou na dois, o aluno marcará a resposta; se não estiver em nenhuma das duas colunas, marcará a coluna três e escreverá o resultado da operação na quarta coluna. Ganha quem assinalar os 13 pontos corretamente.

Jornal

Conceito e características

É um periódico impresso, dedicado à divulgação de informações, notícias e opiniões, que tem como característica atingir o grande público em tempo relativamente curto, pois a natureza de sua comunicação é pública, rápida, transitória e atual.

Sua construção

Essa tecnologia não é elaborada pelo professor, uma vez que se trata de um veículo de comunicação de massa adquirido pelos leitores. O professor pode solicitar que seus alunos tragam jornais de casa ou pedir doação às pessoas da comunidade. Alguns jornais realizam projetos pedagógicos nas escolas. A escola ou o professor se inscreve e passa a receber o jornal diariamente, além de ter orientações e dicas para utilizar esta tecnologia na sala de aula.

Como utilizar

O jornal deve assumir uma dimensão informativa, reflexiva, funcional e lúdica para compor o universo cultural do aluno.

Ao selecionar reportagens para serem trabalhadas em sala de aula, o professor deve tomar os mesmos cuidados por ocasião da seleção de outros materiais de ensino-aprendizagem: verificar a sua adequação aos objetivos, conteúdo e clientela; analisar a linguagem (estilo e correção); examinar a qualidade da impressão; facilitar o acesso de todos os alunos ao material.

Deve também, mediante leitura crítica, ajudar o aluno a analisar o jornal quanto à sua forma e linguagem, a estabelecer elos entre os conteúdos das diferentes áreas do conhecimento e a sua realidade e perceber os diferentes pontos de vista apresentados pelos diversos jornais, contribuindo desse modo para que o estudante possa compreender o seu meio e nele atuar. Esse tipo de leitura leva o aluno a entender que o contato com o jornal representa uma relação com a realidade social e as suas interpretações.

Mais algumas dicas

O jornal é um excelente material didático, que pode ser usado inclusive nos primeiros anos do Ensino Fundamental, no estudo de diferentes tipos de estruturação da linguagem.

A utilização didática do jornal deve possibilitar ao aluno um processo de diálogo com o contexto, emergindo daí a atitude crítica, consciente e reflexiva.

O professor, mediante as diferentes atividades com o jornal, deve estimular os alunos a examinar informações, interpretar e organizar dados, levantar hipóteses, refletir e tomar posições. Para isso, a compreensão do texto pode ser ampliada por uma leitura crítica que importe na percepção da relação entre texto e contexto.

É importante informar aos alunos as normas específicas do texto jornalístico, tais como: a necessidade de introduzir as fontes das notícias; os diferentes cadernos e assuntos; os títulos e sua diagramação; palavras citadas e o conteúdo das entrevistas ou declarações devem estar escritos entre aspas ou introduzidos por um travessão.

O trabalho com jornal pode ajudar o aluno a perceber as diversas versões dos fatos e a compreender que existem muitos pontos de vista além do dele mesmo.

Para informações adicionais, que podem ser úteis para o trabalho com o jornal na sala de aula, sugere-se a leitura da seção deste livro "Um olhar necessário".

Uma possibilidade

Uma professora do 4º ano do Ensino Fundamental pediu aos seus alunos que selecionassem reportagens retiradas de jornais. Em aula cada aluno leu e analisou a reportagem que escolheu. A seguir apresentaram possíveis soluções para os problemas tratados nas reportagens, que foram debatidas pela turma. Essa atividade, que pode culminar com várias produções de textos, foi desenvolvida em vários dias, durante os quais o desempenho dos alunos foi avaliado por eles mesmos e pela professora.

Jornal escolar

Conceito e características

É o periódico impresso feito pelos alunos desde a elaboração da pauta até a impressão, sem interferência da escola no que diz respeito ao conteúdo e à linha editorial. Atua como um instrumento pedagógico mediante o qual os alunos poderão levar suas experiências e preocupações para dentro da escola.

Os objetivos do jornal escolar devem ser, primordialmente:

- integrar o aluno no processo político-social do meio em que vive;

- mostrar que as informações veiculadas refletem a visão do jornalista em relação ao que é descrito;
- incentivar a leitura crítica dos meios de comunicação.

Sua construção

O conhecimento dos periódicos locais pelos alunos pode ser o primeiro passo para a elaboração do jornal escolar. A construção desse tipo de tecnologia deve surgir das necessidades dos alunos de se expressarem e/ou comunicarem suas ideias.

O jornal escolar pode ser feito por um grupo de alunos de diferentes séries, com assuntos diversos referentes à escola e à comunidade, ou por várias turmas que registram os acontecimentos e atividades de cada uma.

Quanto à redação, deve haver clareza na exposição, síntese, correção gramatical e ortográfica, além da utilização da linguagem do dia a dia.

O professor deve orientar no que diz respeito à forma e à linguagem, porém, quanto ao conteúdo, somente quando houver solicitação dos alunos.

Como utilizar

A principal forma de utilização do jornal escolar é o seu próprio processo de elaboração, podendo ele ser utilizado também na sala de aula em atividades relacionadas aos diferentes componentes curriculares, como é feito com o jornal comum, caso haja interesse do professor. Depois de pronto, o jornal pode ser distribuído pela comunidade escolar, que poderá utilizá-lo da maneira que desejar.

Para maior embasamento em relação à utilização do jornal escolar, sugerimos consultar a seção deste livro intitulada "Um olhar necessário".

Mais algumas dicas

Esta tecnologia favorece o desenvolvimento de responsabilidade, cooperação, trabalho em equipe, uma vez que diferentes grupos devem ser responsáveis pelas diversas etapas do processo, como, por exemplo: planejamento do jornal, reportagem, redação, impressão, divulgação e distribuição.

Além disso, o jornal escolar é uma excelente forma de incentivar os alunos a escrever, melhorando com isso sua ortografia e a expressão escrita. Contribui para o desenvolvimento do pensamento autônomo e da análise crítica.

Pode e deve ser utilizado desde a Educação Infantil, em todas as séries, num crescente nível de complexidade.

Uma possibilidade

Uma escola de Ensino Fundamental realizou, com a participação de todas as turmas, uma Feira de Ciências. Esse evento mobilizou a escola inteira: alunos, professores, funcionários, direção e orientação. Dada a sua repercussão, os alunos do 7° ano resolveram registrar o acontecimento em um jornal. Dividiram-se em grupos para realizar as diferentes tarefas.

Os alunos obtiveram apoio da direção e ajuda de vários professores. O resultado foi um jornal contendo as seguintes seções: notícias, editorial, curiosidades, coluna social, entretenimento. O entusiasmo foi tanto que os alunos decidiram dar continuidade a essa atividade e tornar o jornal mensal.

Livro didático

Conceito e características

É um material impresso que, baseado nas áreas do currículo, contém um roteiro básico de conteúdos de uma ou várias áreas do conhecimento e é específico para cada nível de ensino. De modo geral, traz o conteúdo da área de conhecimento, gravuras pertinentes ao assunto e atividades de aplicação e, muitas vezes, traz sugestões sobre como o professor pode planejar as aulas e tratar os conteúdos. É um dos mais tradicionais recursos impressos de ensino.

Podem ser encontrados livros didáticos das mais diversas formas:
- só de textos;
- de textos e ilustrações;
- de textos e atividades;
- de textos, experimentos, jogos e brincadeiras.

O livro didático é utilizado com os seguintes objetivos:
- facilitar a assimilação de determinado conteúdo a partir de sua apresentação de forma sistematizada;
- ensinar a tirar proveito do índice, vocabulário etc.;
- auxiliar a compreensão do significado do texto;
- desenvolver o estudo e a pesquisa;
- ampliar e diversificar o conhecimento do aluno mediante experiências, pesquisas, jogos e brincadeiras.

Sua construção

Em geral o professor não elabora o livro didático, embora isso seja possível.

Se for intenção do professor elaborar um livro didático para sua turma, deve tomar os cuidados relativos à adequação aos seus objetivos, aos interesses dos alunos, à diversificação das atividades e às recomendações contidas no item "Mais algumas dicas" referente a esta tecnologia.

Como utilizar

Há muitas maneiras de utilizar o livro didático. Apresentamos a seguir algumas sugestões:
- Durante a apresentação do livro didático é recomendável explorar a sua capa, contracapa, folha de rosto, ilustrações, índice e glossário, bem como a sua própria organização (textos, exercícios, experiências etc.).
- Na leitura, convém orientar os alunos no sentido de destacar as ideias principais e estudar o vocabulário.
- Quanto aos exercícios, cabe ao professor desenvolver junto aos alunos a habilidade de interpretação dos enunciados propostos e a autonomia gradativa. É indispensável a correção

dos exercícios, por ser mais um momento importante de aprendizagem.

- O professor deve transmitir aos alunos a ideia de que os conteúdos apresentados no livro não são verdades absolutas. Quando necessário deve questioná-los, bem como os valores presentes e as informações emitidas.
- Explorar as imagens do livro, desenvolvendo nos alunos a leitura e interpretação da linguagem não verbal: cores, desenhos, fotografias, tabelas etc.

Mais algumas dicas

Em geral, é atribuída grande importância ao livro didático por parte tanto do professor como dos alunos e suas famílias. Essa importância, entretanto, não deve levar o professor a simplesmente transferir para os alunos o saber impresso no livro didático. Este deve ser um instrumento de trabalho, um referencial, não um dogma, e não pode substituir a totalidade das atividades desenvolvidas na sala de aula. O professor não deve abrir mão de sua capacidade de análise, avaliação e utilização das experiências e necessidades dos alunos em função do livro didático.

O uso do livro didático deve estar inserido no planejamento global de ensino, no qual seu uso deve se constituir em mais um recurso junto a outras estratégias de ensino.

Ao escolher um livro didático, o professor deve observar alguns aspectos:

- quem são os autores do próprio livro e dos textos nele incluídos;
- a fonte das imagens utilizadas;
- diversificação e ampliação das informações veiculadas;
- organização das situações de ensino-aprendizagem;
- ideologia subjacente aos textos e ilustrações;
- adequação aos objetivos pretendidos;
- exatidão, nível de aprofundamento e distribuição dos conteúdos;
- abrangência dos níveis de conhecimento desejados nas atividades propostas;
- adequação das ilustrações aos textos;
- qualidade da impressão, do papel e da diagramação;

- possibilidades de o aluno estabelecer relações com outros conteúdos.

O professor deve aproveitar trechos do livro de acordo com o conteúdo a ser trabalhado e com as necessidades dos alunos, pois não é necessário acompanhar a sequência de assuntos do texto. O aluno deve utilizar mais de um livro didático, uma vez que isso auxilia o desenvolvimento do gosto pela leitura, que o professor também deve demonstrar.

Já nos primeiros anos do Ensino Fundamental podem ser utilizados livros informativos (atlas, manuais de ciências etc.), que também são livros didáticos. Eles complementam as atividades realizadas durante o desenvolvimento de uma unidade, projeto ou centro de interesse.

Os livros didáticos de Ensino Fundamental devem:
- ser utilizados com gradação de dificuldade, permitindo crescimento contínuo das habilidades de leitura;
- apresentar experiências relacionadas com a vida dos alunos;
- reunir em unidades ou atividades personagens significativos para os alunos;
- possibilitar a formação de novos conceitos;
- ser adequados ao nível a que se destinam;
- ser estimulantes, para despertar interesse e curiosidade;
- possuir onomatopeias, diálogos, verbos de ação;
- possibilitar o desenvolvimento da autonomia.

Uma possibilidade

Por ser o livro didático uma das tecnologias mais difundidas e usuais nas salas de aula, optamos por relatar uma experiência pedagógica alternativa, na qual ele foi construído pelos alunos, sob a orientação do professor.

Essa experiência foi realizada por uma professora de Geografia com uma turma do 5º ano.

O trabalho da professora foi estruturado a partir do levantamento de dados sobre os alunos, suas expectativas e curiosidades. Ela trouxe para a sala de aula textos que preparou a partir da leitura de diversos livros de Geografia, reportagens de jornais, revistas, poemas e histórias que recolheu da literatura e letras de músicas. Criatividade foi um dos critérios para a escolha dos textos.

Tudo o que foi dito na sala de aula foi anotado no caderno-rascunho. Em casa os alunos montaram o "caderno-livro" de Geografia, anexando os textos distribuídos. No final do bimestre ela recolheu os cadernos para avaliá-los, atentando, entre outros aspectos, para o da organização.

A professora constatou que, apesar de exigir mais, tanto do professor como dos alunos, esse tipo de trabalho favorece a aprendizagem, além de fazer com que os alunos adquiram rapidamente consciência do mundo que os cerca, dentro de um enfoque crítico (*Nova Escola*, s.d.)

Livro infantojuvenil

Conceito e características

É um material impresso composto de histórias, em geral ilustradas e redigidas especificamente para o público infantojuvenil. Muitas delas transmitem valores, apresentam diferentes aspectos da cultura, difundem padrões de comportamento social e suscitam discussões, em função da maneira como o tema é trabalhado.

São textos que privilegiam a mensagem na sua forma. Os diferentes elementos da língua se combinam de acordo com padrões estéticos para dar uma impressão de beleza.

Sua construção

Existe no mercado editorial brasileiro grande variedade de livros infantojuvenis que podem atender ao interesse e a necessidade de diferentes faixas etárias; no entanto, o professor pode, com seus alunos, produzir este tipo de livro. Para isso devem:

- ler e analisar diferentes livros infantis, a fim de se familiarizarem com eles;
- escolher um ou vários temas a serem trabalhados;
- redigir e ilustrar as histórias;
- rever o texto;
- montar o livro, com acabamento, indicando na capa título e autor(es).

Como utilizar

A utilização didática do livro infantojuvenil requer um planejamento prévio que deve incluir:
a) Objetivos – relacionados com:
- desenvolvimento do gosto pela leitura, do raciocínio lógico, da linguagem escrita e da criatividade;
- enriquecimento da aprendizagem de diversas áreas do currículo;
- formação de valores e atitudes.

b) Atividades
- discussão de um tema, gravura ou mural, ou apresentação de um filme ou programa de rádio ou televisão; confecção de um objeto relacionado ao assunto a ser estudado no livro etc.;
- identificação das partes que compõem o livro, assim como de sua organização geral (capa, folha de rosto etc.) e do nome do(s) autor(es) e/ou ilustrador(es);
- criação de textos para livros infantojuvenis que apenas contenham gravuras;
- debates;
- análise das características físicas e psicológicas dos personagens;
- identificação dos personagens principais e secundários;
- análise das ilustrações;
- criação de um novo fim para a história;
- criação de ilustrações;
- interpretação da história;
- introdução de novos personagens e/ou fatos;
- criação da anti-história, ou seja, modificação do caráter de um personagem para gerar modificação da história;
- dramatização da história;
- aplicação de técnicas de dinâmica de grupo;
- perguntas orais e escritas;
- desenho e/ou seleção de ilustrações;
- redação de um artigo;
- debates.

Mais algumas dicas

Os livros infantojuvenis devem ser utilizados com o objetivo de desenvolver nos alunos o prazer pela leitura e manuseio do livro, não estando essas atividades necessariamente vinculadas a uma medida de desempenho.

No caso de o livro infantojuvenil ser construído pela turma, o objetivo maior é a própria atividade de construção, embora outras atividades possam ser desenvolvidas: troca dos livros construídos entre os alunos e entre as turmas, apresentação e/ou dramatização das histórias do livro, "tarde de autógrafos", exposição dos livros.

Uma possibilidade

Uma professora de Português propôs uma atividade entre os alunos dos terceiro e quarto anos com o objetivo de promover o envolvimento dos alunos com o texto, desenvolvendo o hábito e o prazer da leitura.

O primeiro passo foi oferecer aos alunos a oportunidade de manusear, folhear e ler trechos de vários livros e fornecer informações básicas sobre os livros que os alunos tinham nas mãos.

O segundo passo foi os alunos escolherem o livro que gostariam de ler. À medida que concluíam a leitura de um livro, eles eram estimulados a comentá-lo oralmente ou por escrito, sugerindo aos colegas os livros que consideraram bons.

Mapa e globo

Conceito e características

O mapa é uma representação plana do planeta Terra e o globo uma representação esférica. São representações do mundo real, embora tenham natureza abstrata e expressem a realidade mediante símbolos, e são instrumentos comumente usados na escola para orientar, localizar, informar.

É comum confundir a paisagem com o mapa, mas existem duas diferenças entre eles: o mapa representa uma vista aérea dos acidentes geográficos, cidades, rodovias, enquanto a paisagem representa uma vista horizontal ou oblíqua de uma área, e seu ângulo depende do ponto de vista do observador; no mapa a "porção de espaço" retratada é vista em sua totalidade e é proporcional à realidade, enquanto na paisagem nem todos os espaços são visíveis.

Sua construção

Os mapas podem ser encontrados em atlas ou livros, ou então ser traçados pelo professor e/ou alunos. Os globos são em geral comprados, mas podem ser construídos sobre uma esfera pintada de azul, onde são colados ou desenhados mapas. Podem, também, ser cobertos com argila ou gesso, representando, em alto relevo, a parte sólida do globo terrestre.

Como utilizar

A forma de utilização depende do tipo de mapa (físico, político ou espacial), mas o professor deve ensinar a leitura e interpretação de todos eles.

Algumas das formas de utilização tanto do mapa quanto do globo são:

- localização e identificação de lugares e de áreas;
- identificação de direções;
- análise de distribuição de dados físico-territoriais e inferências de fenômenos;
- comparação entre mapas e de mapas com globos.

Além disso, a utilização dos mapas não se limita a temas de geografia, mas também de outras disciplinas, como: História, Ciências, Economia etc.

Os mapas e globos permitem aos alunos uma análise comparativa das diversas regiões da Terra. A interpretação do meio físico leva à compreensão dos problemas ecológicos, econômicos e de desenvolvimento.

Uma possibilidade

Um professor do 3° ano do Ensino Fundamental pediu que os alunos trouxessem fotos e/ou ilustrações de acidentes geográficos, rodovias, cidades etc. Depois de agrupados por tipo, o professor os orientou para que identificassem no atlas a forma de representação de cada grupo de fotografias e ilustrações. Essa atividade teve como objetivo fazer com que os alunos aprendessem como os elementos da realidade são representados nos diferentes tipos de mapas.

Modelo

Conceito e características

É uma reprodução tridimensional, simples ou complexa, de objetos ou seres vivos.

Pode ser do mesmo tamanho do original, ampliado, reduzido, seccionado, desmontável, sólido, animado ou simulado (exemplo: mostrador de relógio em papelão).

Alguns modelos modernos estimulam o olfato, além da visão e do tato.

Sua construção

Esta tecnologia pode ser confeccionada utilizando-se diferentes materiais, com a ajuda dos alunos, ou ser adquirida já pronta.

Como utilizar

Quando o professor ou aluno apresentar um modelo, os outros alunos devem observá-lo, identificar e comentar suas características, funções e procedimentos de uso. Os modelos devem ser utilizados inseridos em um contexto. Isso pode ser feito mediante a utilização de dioramas, isto é, os modelos (animais, plantas, figuras humanas, entre outros), compondo situações dentro de um cenário iluminado, como é comum nos museus.

Mais algumas dicas

Deve-se associar o seu uso ao de outros recursos (filmes, projeções fixas, ilustrações), evitando-se distorções da realidade, formação errônea de conceitos e interpretações falsas em relação a tamanho, forma, funcionamento, relações espaciais ou temporais.

Uma possibilidade

Após o estudo do sistema circulatório, os alunos do 5° ano do Ensino Fundamental de uma escola resolveram representá-lo de forma criativa. Utilizaram uma placa de isopor, cartolinas coloridas e fios de eletricidade vermelho e azul. Cada órgão foi representado por uma cor e por uma figura geométrica, sendo colocado na placa de isopor na forma próxima da configuração do corpo humano. Por último, os fios foram arrumados representando a circulação sanguínea.

Módulo instrucional

Conceito e características

Consiste em uma técnica de ensino que propõe ao aluno, em termos comportamentais, os objetivos a serem atingidos e as variadas atividades para alcançá-los. É baseado na teoria do Ensino para a Competência[1].

O módulo tem sete etapas básicas: objetivos claramente definidos, pré-requisitos, pré-avaliação, atividades de ensino, pós-avaliação, atividades para sanar deficiências e atividades de enriquecimento. Procura levar o aluno à responsabilidade pelo desempenho das tarefas propostas, pois utiliza predominantemente uma metodologia de ensino individualizado, na qual o aluno é o responsável pelo estudo, trabalha de acordo com o seu ritmo (variação no tempo da aprendizagem) e passa a ser o centro da atividade.

Sua construção

A elaboração de um módulo instrucional exige do professor conhecimentos técnicos e é uma atividade complexa e demorada; mas nada impede que o professor desenvolva módulos para as suas aulas. Para isso ele deve recorrer à bibliografia especializada ou a cursos que ensinem processos de elaboração dessa tecnologia.

Uma visão geral desse processo pode ser a seguinte: o professor deve escolher cuidadosamente uma unidade de ensino que permita várias abordagens e alternativas de atividades de aprendizagem. A seguir deve planejar em função dos alunos e dos recursos de que dispõe. Deve também estruturar diferentes formas de abordagem do conteúdo, selecionar bibliografia pertinente, formular exercícios e tarefas variadas, de forma que no mesmo módulo os alunos encontrem opções de trabalho que atendam às suas necessidades e interesses pessoais. É importante lembrar que o módulo deve ser testado e revisto; e os testes (pré e pós-avaliação) devem ser elaborados pelo professor.

Como utilizar

O professor, depois de verificar que os alunos possuem os pré-requisitos para estudo do módulo, faz a pré-avaliação aplicando

---

[1] Uma vez identificadas as competências a serem desenvolvidas, são definidos os respectivos objetivos. A seguir, são desenvolvidas atividades de aplicação que possibilitem aos alunos alcançarem os objetivos. Cada aluno deve trabalhar no seu ritmo, até demonstrar domínio das competências.

testes para sondagem dos conhecimentos a serem trabalhados nesse módulo. Após a correção das respostas, o professor revela ao aluno apenas o número de questões que ele acertou, pois o teste será reutilizado posteriormente, na etapa de pós-avaliação (pós-teste). Essas respostas servirão para que o professor reoriente seu planejamento.

Seguem-se as atividades de ensino, com o aluno escolhendo, dentre as alternativas oferecidas, a opção de estudo que mais lhe agradar.

Quando o aluno concluir as atividades de ensino, o professor aplicará o pós-teste, cujo resultado deve ser comparado com o do préteste, de modo a avaliar o rendimento de cada aluno. É desejável que os alunos alcancem 90% de rendimento, e, para os que não obtiverem rendimento suficiente, devem ser oferecidas novas atividades.

Os módulos podem ser utilizados em qualquer época do ano letivo e em qualquer nível de ensino, desde que o aluno domine a leitura e a escrita, e em quase todas as disciplinas.

Uma possibilidade

Para trabalhar o conteúdo de uma unidade de ciências com uma turma, com alunos apresentando interesses diversificados, um professor de 6° ano utilizou um módulo instrucional. Aproveitando textos, ilustrações e atividades que aplicara com aquela e com outras turmas, ele os organizou sob a forma de um módulo instrucional no qual incluiu várias atividades diversificadas, ou seja, atividades de ensino diferentes, porém equivalentes, uma vez que conduziam os alunos aos mesmos objetivos. Assim pôde atender aos diferentes estilos cognitivos dos alunos e, com as atividades de enriquecimento, atender mais de perto as necessidades de aprofundamento e expansão do conteúdo apresentadas por alguns alunos.

Mural

Conceito e características

Consiste em um conjunto de elementos subordinados a um mesmo tema e dispostos harmoniosamente sobre uma superfície, com o objetivo de transmitir uma mensagem.

Essa superfície pode ser de eucatex, compensado, tela de arame, papelão ou outro material resistente.

É mais versátil que o cartaz, porque permite o interrelacionamento de matérias diversas com o tema estudado.

Podem ser colocados no mural: gravuras, fotografias, símbolos, gráficos, tabelas, pequenos textos etc.

O mural possui os seguintes elementos:

- título – frase visando atrair a atenção;
- material ilustrativo – já citado, tem a função de causar impacto e suscitar ideias;
- textos e legendas – detalham a mensagem e realçam as ilustrações, contendo informações complementares.

Sua construção

A elaboração segue algumas etapas:

- relacionamento do mural com os objetivos de ensino;
- planejamento da composição do mural (ideia principal, ideias afins, fundos simples);
- seleção do material a ser utilizado;
- elaboração da mensagem, que deve ser simples e clara.

Os murais podem ser feitos pelo professor, porém é mais indicado que os alunos participem da sua elaboração ou que sejam responsáveis por ela.

Como utilizar

Uma maneira de explorar esta tecnologia com os alunos consiste em:

- analisar o título, contextualizando-o;
- observar as gravuras, ilustrações e desenhos;
- ler criticamente o texto ou mensagem;
- mobilizá-los para a ação em seu meio.

Mais algumas dicas

O uso do mural tem como objetivo: informar, despertar o interesse por um assunto, contribuir para a formação de atitudes e opiniões.

Quando os alunos são os autores do mural, este pode contribuir para desenvolver sua criatividade e capacidade de autoexpressão e incentivar trabalhos em equipe e de pesquisa.

O mural é um grande auxiliar durante o desenvolvimento de um projeto didático. O professor e os alunos podem planejá-lo e organizá-lo dispondo gravuras, desenhos, títulos sugestivos etc., que estimulem o aluno a fazer perguntas. À medida que o projeto se desenvolve, os alunos procuram respostas para as perguntas formuladas, fazem desenhos e trazem contribuições que vão compor um novo mural, cujos planejamento e execução conjuntos são de grande importância na aprendizagem, pois estimulam a capacidade criadora, a habilidade para trabalhar em grupo e o senso estético.

Uma possibilidade

Como produto final de um projeto didático cujo tema era Doenças Sexualmente Transmissíveis, os alunos do 9º ano organizaram um mural no corredor da escola sobre o assunto com o objetivo de socializar o que estudaram e alertar a comunidade escolar sobre as formas de contágio e prevenção das doenças.

Quadro de giz

Conceito e características

É o recurso de ensino mais utilizado na escola para escrever ou desenhar símbolos visuais, podendo ser de dois tipos: fixo ou móvel. Os principais objetivos de sua utilização são:
- reforçar a exposição do professor;
- possibilitar trabalho simultâneo com a turma toda;
- facilitar a sistematização do conteúdo (apresentação e correção das atividades);
- esquematizar o conteúdo no início e no fim da aula;
- fazer comparações e estabelecer contrastes.

Hoje, em muitas salas de aulas, o tradicional quadro de giz foi substituído por quadro branco de acrílico, no qual se escreve com caneta especial. Ressaltamos que este quadro não é indicado para pessoas no início do processo de alfabetização por oferecer dificuldade para escrever.

Pode ser empregado concomitantemente com outros recursos, como cartaz, álbum seriado, flanelógrafo, TV etc.

Sua construção

Em geral os quadros de giz são encontrados prontos nas salas de aula. Para sua manutenção recomenda-se uma demão periódica de tinta própria para quadro de giz.

Como utilizar

Deve-se:
- assegurar boa visibilidade por parte de todos os alunos, evitando reflexos, escrevendo de forma legível ou desenhando em bom tamanho;
- escrever e falar alternadamente, colocando-se ao lado do quadro para não impedir a visão, e voltando-se para os alunos ao falar;
- usá-lo em períodos breves, alternando com explicações orais e outros recursos;
- usar a técnica do *strip-tease* ou preguicinha, cobrindo palavras ou desenhos com tiras de papel e descobrindo-os à medida que for necessário, de acordo com a explicação;
- não sobrecarregá-lo com variedade de símbolos, setas, círculos ou traços;
- evitar textos longos;
- distribuir os dados de acordo com a lógica da aula;
- empregar giz colorido apenas para estabelecer diferenças, realçar pontos importantes ou separar elementos significativos.

Mais algumas dicas

O quadro de giz pode ser utilizado para:
- apresentar qualquer assunto;

- acompanhar explicações ponto a ponto;
- apoiar a exposição dialogada;
- complementar a utilização de outros recursos;
- programar atividades e transmitir avisos;
- corrigir ou alterar assuntos apresentados;
- viabilizar o uso de diferentes técnicas, como o *strip-tease* (preguicinha), *stencil* (molde vazado onde se aplica pó de giz, de maneira que ao se retirar o molde do quadro de giz apareça a silhueta que foi perfurada no *stencil*) etc.

Uma possibilidade

Por ser uma das tecnologias mais antigas e existir praticamente em qualquer sala de aula, além de estar presente na maioria das atividades pedagógicas, de forma variada e criativa, decidimos deixar este item para ser preenchido pelo conhecimento, experiência e criatividade de cada professor.

Quadro-de-pregas

Conceito e características

Trata-se de um quadro de material resistente, forrado com papel ou tecido pregueado no sentido horizontal, permitindo a fixação de gravuras, palavras e frases. Pode ser fixo, na parede, ou móvel.

Sua construção

Sobre papelão, madeira ou qualquer material rígido prende-se uma folha de cartolina, papel pardo ou flanela pregueando-os no sentido horizontal.

As pregas devem ter de 3 a 5cm de largura e o material a ser colocado no quadro deve ter uma margem inferior com medida idêntica à das pregas, ou pouco maior.

As laterais do quadro de pregas devem receber uma moldura de cartão grosso, madeira ou até mesmo papel glacê, que fixa e fecha mais as pregas, não permitindo a queda das gravuras. Também pode ser produzido totalmente em madeira. Neste caso, pode ser necessário o auxílio de um marceneiro.

Há no mercado lojas especializadas em materiais didáticos que comercializam quadro de pregas.

Como utilizar

Pode ser usado para contar histórias, formar e ordenar textos, desenvolver a discriminação visual e auditiva, para fazer a chamada, calendário, quadro valor-de-lugar, contagem etc.

Uma possibilidade

Uma professora utiliza o quadro de pregas em suas classes de 1º ano, durante todo o período letivo.

Conjugando-o com jogos diversos, ela o aproveita para fazer a chamada. O quadro de pregas é então utilizado para: discriminação auditiva (os nomes dos alunos devem ser colocados e/ou retirados na ordem alfabética); contagem (alunos presentes e ausentes, e/ou total de meninos e de meninas presentes e ausentes); ensino de noções de adição e subtração; iniciação em problemas orais; visualização e cópia, com ou sem apoio visual, do nome; identificação dos nomes dos colegas.

Especificamente, uma das atividades desenvolvidas é a seguinte: antes de a turma entrar na sala, a professora embaralha os cartões com os nomes dos alunos e os coloca no quadro de pregas ao contrário, ou seja, com os nomes escondidos. Cada criança pega um cartão sem saber o nome que está escrito, senta-se e olha o nome no cartão, procurando identificá-lo. Quando a criança "lê" o nome no cartão, chama o colega para que venha pegar o cartão e recolocá-lo no quadro de pregas. Este, por sua vez, seguirá o mesmo procedimento, até que todos os alunos tenham recolocado seus próprios nomes no quadro de pregas.

Quando o aluno não consegue identificar o nome do colega, mostra o cartão à turma para que ela o ajude na leitura do nome e o colega vá pegá-lo, dando sequência ao processo.

Sucata

Conceito e características

É qualquer material que não tenha sido construído ou feito com a finalidade de ser utilizado didaticamente. Podem ser considerados sucata materiais que já tenham sido utilizados para outros fins. Alguns exemplos são: garrafa plástica, caixa de fósforos vazia, caixas variadas, palitos de sorvete, tampinhas, retalhos de pano, canudinhos etc.

Sua construção

A sucata não exige elaboração/confecção para poder ser utilizada pedagogicamente. Deve ser selecionada cuidadosamente pelo professor, para que os alunos não corram perigo de se machucarem ao utilizá-la.

Como utilizar

Algumas ideias de utilização:
- como material de atividades de artes, para desenvolver a criatividade;
- para confecção de diferentes maquetes, como de casas, bairros, cidades, relevos etc.;

- como recurso para o ensino de Matemática (contagem e classificação);
- como recurso para a confecção de fantoches e bonecos a serem utilizados na criação e/ou dramatização de histórias;
- como matéria-prima de brinquedos, instrumentos musicais, objetos úteis.

Uma possibilidade

Os alunos de uma turma de EJA montaram, junto com a professora, alfabetos móveis usando tampinhas de garrafas plásticas de refrigerante e água. Enquanto juntavam as tampinhas, os alunos cortaram várias rodelas de papel do tamanho da parte superior delas e foram escrevendo as letras do alfabeto, com o cuidado de escrever mais de uma e uma quantidade maior de vogais para cada um. Depois as rodelas de papel foram coladas nas tampinhas e cada aluno guardou seu alfabeto em uma garrafa plástica cortada e enfeitada por eles. O alfabeto é utilizado em diversas atividades de produção escrita.

Texto

Conceito e características

> Texto (do latim textus, tecido) é toda construção cultural que adquire um significado devido a um sistema de códigos e convenções: um romance, uma carta, uma palestra, um quadro, uma foto, uma tabela são atualizações desses sistemas de significados, podendo ser interpretados como textos. Há textos que combinam linguagem verbal com linguagem visual, muito utilizados hoje em dia no jornalismo e na publicidade.
>
> (KLEIMAN, A.B. & MORAES, S.E. 1999).

Sua construção

Um texto pode ser elaborado pelo professor, pelos alunos, por outros autores ou, ainda, coletivamente, por professores e alunos. Antes de iniciar a sua redação, deve-se escolher um tema adequado aos objetivos definidos anteriormente e ao grupo que irá utilizá-lo. Quando o texto é produzido na escola, elabora-se um roteiro com as ideias-chave a serem abordadas.

Após a sua redação, é conveniente uma primeira leitura crítica pelo(s) próprio(s) autor(es), seguida de outra por um colega ou um profissional especializado, visando identificar pontos que não estejam claros, atentando também para coerência, adequação do vocabulário, erros de ortografia e gramática.

Como utilizar

O texto pode ser utilizado de diversas formas pelo professor, com diferentes objetivos em relação a conteúdos diversos.

Para que o aluno possa compreender melhor os textos, a leitura poderá ser feita individual ou coletivamente mais de uma vez. Em seguida o texto deve ser discutido oralmente, relacionando-se o seu conteúdo com outros. O professor deverá contextualizá-lo historicamente e indicar seu autor e a fonte.

Após essas etapas de trabalho, o professor pode propor aos alunos que, individualmente ou em grupo, realizem as seguintes atividades:

- ler de novo, sublinhando ideias principais com maior atenção, postura crítica e reflexão;
- reler o que foi sublinhado, tomando notas, para organizar a leitura;
- assinalar dúvidas e discordâncias em relação ao ponto de vista do autor;
- fazer anotações pessoais que expressem sua opinião e as reflexões suscitadas pela leitura;
- reunir anotações, relacionando-as, e propor roteiros, esquemas e debates sobre o texto.

Esses procedimentos devem ser adotados de forma flexível e coerente com o trabalho que estiver sendo desenvolvido.

Mais algumas dicas

A prática de elaboração de textos pelos alunos deve ser enfatizada pelo professor, pois possibilita o desenvolvimento da criatividade, pensamento lógico e capacidade de expressão.

É aconselhável que o professor busque diferentes formas de trabalhar a compreensão dos textos; ele pode utilizar algum(ns) dos seguintes recursos: gravuras, postais, recortes de jornais, notícias, diálogos, frases interessantes que deverão aparecer no texto construído, associações de gravuras e palavras. Mas o fundamental é que a produção de texto tenha objetivos reais, de modo a contribuir para o aluno se apropriar dos diferentes usos sociais da escrita.

Quando o texto não for produzido pelo professor e/ou alunos, sua seleção deve atentar para os seguintes aspectos: adequação aos objetivos e ao conteúdo, correção gramatical, adequação da linguagem à faixa etária e aos interesses do grupo e ao nível de aprofundamento do conteúdo. Além disso, aspectos estéticos e estilísticos devem ser levados em consideração.

É importante também que o professor planeje atividades de ensino interessantes e dinâmicas, para melhor exploração do texto.

Uma possibilidade

Os alunos de uma turma de 2º ano do Ensino Fundamental trabalharam de várias formas com a poesia "O palhaço", de Roseana Murray. Antes de ser lido, o texto foi relacionado com a realidade dos alunos. Foram trabalhadas as leituras oral e silenciosa, discussão e reflexão sobre o tema, interpretação oral e escrita e análise dos aspectos gramaticais do texto. Buscando despertar ainda mais o gosto pela poesia, a professora dividiu a turma em grupos e deu um par de versos para cada grupo. Nessa segunda etapa, cada grupo leu novamente a poesia toda e discutiu o significado dos versos que recebeu, ilustrando-os. A poesia foi fixada, em partes, nas paredes da sala de aula, acompanhada das respectivas ilustrações. Para finalizar, a turma dramatizou o texto.

2
Tecnologias dependentes

Ambientes Virtuais de Aprendizagem (AVA)

Conceito e características

Os Ambientes Virtuais de Aprendizagem (AVA) são programas de computador desenvolvidos para oferecer um ambiente de aprendizagem que possibilite a realização de atividades de ensino-aprendizagem online, ou seja, a distância. São também conhecidos como *Learning Management Systems* (LMS) ou Sistemas de Gerenciamento de Cursos (SGC). São exemplos desses ambientes os softwares como TelEduc, Moodle, Solar, Sócrates, dentre outros.

Esses ambientes virtuais utilizam, dentre outras ferramentas, *e-mails*, fóruns, conferências, *chats* (bate-papos), arquivos de textos, arquivos de sons, arquivos de imagens, *wikis*, *blogs* que facilitam o processo de ensino-aprendizagem a distância.

Outra característica é a utilização de *hiperlinks*, que torna o ambiente um texto aberto, tornando ilimitada a possibilidade de construção de conhecimento pelos alunos. Esses *hiperlinks* podem acontecer tanto dentro do próprio ambiente digital de aprendizagem (entre textos indicados ou entre discussões em fóruns diferentes, por exemplo), como também de dentro para fora e de fora para dentro (em casos de pesquisas ampliadas a partir de discussões internas, nos quais se pode trazer ou levar conteúdo desenvolvido para a discussão).

Os AVAs devem possuir características pedagógicas e informáticas que possibilitem a realização de um processo de ensino-aprendizagem de qualidade.

Algumas características que devem ser observadas para seu funcionamento, sob o ponto de vista pedagógico, são sua adequação ao tipo de aluno que vai interagir com o ambiente, ao conteúdo que será trabalhado pedagogicamente e ao professor/tutor que irá ser responsável pelo processo pedagógico, além de atender a disponibilidade financeira e de recursos humanos da instituição que oferece o curso a distância.

Sob o ponto de vista informático, o ambiente deve ser de fácil utilização pelo professor e alunos, dinâmico ao apresentar o conteúdo multimídia (texto, imagem, som e movimento), além de ser passível de atualização em função da avaliação dos professores e alunos que interagem com ele.

Sua construção

Em geral sua construção é complexa, requer conhecimento técnico específico e equipe multidisciplinar. É necessário pelo menos um especialista em educação (*designer* instrucional) para definir o conteúdo e princípios pedagógicos a serem utilizados, e um especialista em linguagem computacional (analista e/ou programador). O ambiente deve ser testado com alunos e professores antes de ser implantado, além de estar em constante processo de avaliação para que seja permanentemente atualizado.

Como utilizar

Os professores, gestores e alunos que vão utilizar o AVA precisam estar familiarizados com conceitos básicos de informática para que possam navegar pelo ambiente, além de possuírem equipamento compatível com as configurações do ambiente.

Toda instituição ao desenvolver ou adotar um AVA deve realizar a capacitação dos seus gestores e professores, além de oferecer aos alunos a oportunidade de se familiarizar com suas ferramentas, seja mediante um tutorial, *help-desk* ou curso presencial.

Mais algumas dicas

Uma das principais características dos AVAs é a possibilidade de oferecer aos alunos a interação virtual com o professor, além de interação entre eles, tornando possível a construção de comunidades virtuais de aprendizagem.

Uma possibilidade

O grupo de dirigentes e professores de uma escola de Ensino Fundamental, depois de algumas pesquisas, selecionou um AVA disponível no mercado para utilizar como complemento ao ensino presencial. No ambiente foi disponibilizado para cada ano, com suas respectivas disciplinas, atividades de aprendizagem que enriqueciam os conteúdos trabalhados em sala de aula. Essas atividades podiam ser realizadas individualmente e também previam a comunicação entre alunos e professores, para oportunizar a construção coletiva do conhecimento.

Audioconferência (*Conference Call*)

Conceito e características

Consiste na realização de uma conferência com dois ou mais interlocutores por meio de áudio. Em geral é realizada via telefone ou utilizando outros canais de comunicação, tais como canal de voz (linha telefônica dedicada), ondas de rádio (por exemplo, o rádio amador), softwares de comunicação de voz. Alguns deles possibilitam o apoio de imagens.

Sua construção

A audioconferência pode ser gerada de um local distante daquele onde se encontram as pessoas que vão participar. Porém, é importante que os participantes estejam previamente inscritos e informados da data e horário da audioconferência. Ao se marcar a hora, deve-se tomar cuidado com a diferença de fuso horário no caso de os participantes estarem em locais muito distantes ou em outros países.

Uma vez que ligação telefônica estabelece a comunicação, os participantes passam a poder conversar, debater, tirar dúvidas, fazer comentários e trocar ideias.

Como funciona

Ao se optar por audioconferência por telefone, é necessário que se tenha disponível o seguinte sistema, de acordo com o *site* http://www.willians.pro.br/didatico/indice.htm

- uma central telefônica com vários troncos por período temporário, como os serviços digitais atualmente oferecidos pelas operadoras telefônicas;
- um número para tronco-chave, que será divulgado para os alunos inscritos;
- um sistema de busca automática para distribuição das chamadas recebidas pelas linhas disponíveis;
- um sistema de PABX com interface para audioconferência para distribuição do áudio principal por todas as linhas;
- um telefone para o professor;
- outros recursos básicos.

A cada dia novos recursos técnicos são colocados à disposição para este tipo de comunicação, mas o grande desafio continua sendo o pedagógico, ou seja, como trabalhar corretamente esta tecnologia sob o ponto de vista da construção de conhecimento. Assim, hoje, pode-se também utilizar o serviço VoIP, que se constitui na emissão de sinais de voz em uma rede IP, ou seja, via internet.

Esta opção para audioconferência tem se mostrado ser mais barata, ou, às vezes, gratuitas, porque utiliza uma única rede para carregar dados e voz. Alguns exemplos destes serviços são o MSN e o Skype.

Como utilizar

Em atividades pedagógicas em que o especialista não pode comparecer presencialmente ao local da reunião.

Uma possibilidade

Uma escola desenvolveu um projeto sobre as medidas de erradicação da febre amarela. Para isso previu palestras de professores e médicos especializados no assunto. Como alguns deles não poderiam comparecer aos eventos, a audioconferência foi a tecnologia utilizada para ouvir e debater com esses profissionais.

Blog

Conceito e características

Um *weblog*, *blog* ou blogue é uma página da *Web* cujas atualizações (chamadas *posts*) são organizadas cronologicamente como um diário. Estes *posts* podem ou não pertencer ao mesmo gênero de escrita, referir-se ao mesmo assunto ou ter sido escritos pela mesma pessoa.

Atualmente fala-se também dos *blogs* educativos, que se caracterizam pela facilidade de criação, publicação e atualização. Eles possuem a característica de publicar as ideias em tempo real, facilitando a interação com as pessoas que estejam conectadas. Os textos curtos podem ser lidos e comentados, abrangendo uma infinidade de assuntos: diários, piadas, notícias, poesias, músicas, fotografias, enfim, tudo que a imaginação do autor permitir (www.wikipedia.com). Como a interação entre os participantes do *blog* pode facilitar o processo de construção de conhecimento coletivo, esta tecnologia pode ajudar a formar redes sociais e redes de saberes, conhecimentos.

Sua construção

Para que um *blog* exista é necessário escolher um servidor para hospedá-lo, eleger e editar o visual, inscrever os participantes, além de, obviamente, decidir o nome e os objetivos do *blog*. Todas estas etapas podem ser construídas coletivamente.

Como funciona

Atualmente existem muitos provedores que oferecem a hospedagem de *blogs* e permitem sua construção de maneira amigável. Muitos ambientes virtuais de aprendizagem são construídos oferecendo a possibilidade a alunos e professores de hospedar os seus *blogs* individuais e coletivos.

Como utilizar

Os *blogs* podem ser utilizados por professores para desenvolver projetos escolares colaborativos, explorando o potencial interativo desta tecnologia. São adequados para as atividades inter-trans-multi-disciplinares, uma vez que acolhem um número ilimitado de *links* indicados pelos participantes. Os professores podem usar sua formação pedagógica e criatividade para descobrir novas maneiras de integrar esta tecnologia em sua prática pedagógica.

Os alunos, além de participar dos *blogs* criados pelos professores para os projetos pedagógicos, podem usá-los para produção de resumos e sínteses da matéria, para o desenvolvimento de projetos específicos e, principalmente, para a aprendizagem colaborativa.

Como o *blog* é uma ferramenta de comunicação assíncrona, as atividades pedagógicas que o utilizam podem ser complementadas e ampliadas com a utilização de outras tecnologias independentes e dependentes.

Uma possibilidade

Os *blogs* podem ser integrados às atividades pedagógicas auxiliando na organização de aulas, oficinas, atividades cocurriculares, de modo a ajudar na sistematização de um determinado assunto, organizando-o de acordo com as necessidades específicas de um dado aluno ou de um grupo de alunos.

Chat ou bate-papo

Conceito e características

Espaço virtual de comunicação entre usuários, no qual trocam mensagens escritas em tempo real. Os programas de IRC (*Internet Relay Chat*), conversas em sítio *web* e mensageiros instantâneos são exemplos de *chat*.

Sua construção

A partir da abertura de uma sala de *chat*, as pessoas que estão conectadas à internet e que têm acesso a esse espaço virtual podem conversar em tempo real com as demais pessoas que também têm acesso a esse *chat*.

Como funciona

O *chat* funciona sincronicamente a partir do momento que duas ou mais pessoas que tenham acesso ao espaço virtual no qual a sala de *chat* está disponível acessem a tal sala e conversem em tempo real.

Como utilizar

Na educação, é utilizado nos ambientes virtuais de aprendizagem como uma ferramenta de interatividade entre alunos e alunos, alunos e professores/tutores que podem estar diferentes localidades e se comunicarem, trocando informações sobre determinado assunto ou esclarecendo dúvidas em tempo real com respostas imediatas, em tempo real.

Mais algumas dicas

Para debate de um tema específico, em geral o *chat* funciona melhor quando o grupo não excede a sete participantes. Em grupos muito grandes, poucos participam e o debate acaba ficando confuso, não avançando na discussão do tema.

Uma possibilidade

Numa disciplina de idiomas, o professor poderá promover quinzenalmente *chats* com pequenos grupos de alunos, permitindo apenas o uso daquele idioma, com o objetivo de desenvolver a rapidez de raciocínio na língua estrangeira. O tema varia de acordo com o conteúdo abordado nas aulas presenciais e com o que acontece no mundo.

Correio eletrônico

Conceito e características

É uma forma de enviar mensagens pela internet. As informações contidas nas mensagens trafegam pela internet em forma de bits (unidade mínima de informação para o computador). Para se comunicar desta maneira, o usuário deve possuir um endereço eletrônico (*e-mail*) obtido por meio da inscrição junto a um provedor de serviços. Com certeza uma revolução na comunicação interpessoal ou entre empresas, o correio eletrônico propicia o compartilhamento de artigos, matérias, fotos, filmes, arquivos, propaganda, no próprio texto do e-mail ou através de anexos. Como infelizmente também é muito utilizado na disseminação de correntes, *spams* (e-mails com informação e propaganda indesejadas) e vírus, é preciso ser criterioso ao abrir os anexos e manter atualizado os programas antivírus que analisam o conteúdo dos e-mails recebidos.

Sua construção

Há disponível na internet diversos serviços de correio eletrônico, muitos até gratuitos, caso a escola não tenha ou alugue um provedor de e-mail com o seu domínio (@nome da escola).

Como utilizar

O correio eletrônico permite ao aluno e ao professor a troca de mensagens ou quaisquer tipos de informações. É, portanto, um canal de comunicação bilateral entre professor e alunos, e alunos e alunos. Prezado como o espaço de excelência para troca de ideias, sugestões e esclarecimento de dúvidas, o correio eletrônico é uma tecnologia que garante a proximidade em qualquer ambiente de aprendizagem.

Uma possibilidade

Por ser um canal de comunicação, o correio eletrônico apresenta diversas possibilidades para sua utilização.

Computador

Conceito e características

É um equipamento que recebe, guarda, manipula e gera dados e símbolos. Suas principais características são:
- acessa e armazena grande quantidade de informações para a solução de uma grande variedade de problemas, podendo ser útil para o ensino de diversos conteúdos;
- segue, automaticamente, instruções longas e complexas para a solução de problemas;
- é muito rápido no processamento de dados.

Os computadores não funcionam sem programas (*softwares*), que são ferramentas de trabalho, contendo instruções ao computador sobre o que fazer.

Existem dois tipos de programas: de sistemas e de aplicação aos sistemas operacionais (Windows, Linux, OS etc.) e os aplicativos (editores de textos, editores de imagens, editores de planilhas, banco de dados etc.). Os de sistemas operacionais gerenciam o funcionamento básico do computador, criando um ambiente adequado para a utilização e execução de outros programas; os aplicativos são os destinados à execução de tarefas específicas, de acordo com as necessidades e interesses do usuário.

Como utilizar

Na educação, dependendo do programa utilizado, o computador pode estar presente em atividades de administração, ensino e pesquisa.

Na administração pode ser usado como:
- arquivo, que contenha todas as informações sobre os alunos e funcionários da escola;
- contador, que calcule médias e faça planilhas eletrônicas;
- arquivo didático, que contenha exemplos de trabalhos e de provas a serem aplicadas aos alunos.

No ensino ele pode ser usado como:
- instrutor, para ensinar um determinado conteúdo;
- colega, nos jogos e programas interativos;

- orientador, quando corrige e analisa trabalhos dos alunos;
- ferramenta, ao fazer simulações, concretizar experiências, acessar e armazenar informações etc.;
- meio de comunicação, através da utilização de redes internas de computadores (*intranets*), correios eletrônicos e internet.

Na pesquisa pode ser usado como:
- catálogo ou banco de dados, que deverá guardar bibliografias, trechos de artigos e livros, e anotações a serem utilizadas durante o trabalho de pesquisa;
- processador de texto, para digitar e imprimir o trabalho produzido durante a pesquisa;
- ferramenta de busca de informações por meio de softwares ou internet.

A tecnologia do computador vem sendo desenvolvida com muita rapidez.

O professor deve levar em consideração a qualidade do equipamento que a escola possui e a quantidade de máquinas para poder planejar as atividades nas quais o computador será utilizado.

Quanto à qualidade:
- a velocidade do processador;
- memória RAM compatível com os softwares utilizados;
- HD (disco rígido) com bastante memória, placa de som, placa de rede (física ou *wireless*), placa de vídeo etc.;
- *softwares* para executar vídeo, áudio, imagens;
- *browser* (programa específico) para navegar na internet;
- periféricos: impressora, scanner, microfone, caixas de som e/ou fones de ouvidos, *joystick* etc.

Quanto à quantidade:
- número de computadores compatível com a atividade proposta.

Eles podem ser usados para atividades individuais ou coletivas.

Cada vez mais escolas possuem computadores ligados em rede e que, portanto, comunicam-se entre si.

Com o advento da internet, algumas escolas de Ensino Fundamental já estão conectadas a outras no país e no mundo, trabalhando em projetos pedagógicos comuns. A escola que possui acesso à internet abre um leque de possibilidades pedagógicas para a construção individual e coletiva de conhecimentos.

Para utilizar bem o computador é importante saber que diferentes programas devem ser utilizados de diferentes maneiras. Sugere-se a leitura do manual do programa selecionado a fim de verificar se os procedimentos indicados são adequados à situação de ensino-aprendizagem na qual o professor pretende usar o programa, ou se podem ser adaptados.

Mais algumas dicas

O professor com algum conhecimento de informática pode, com criatividade, utilizar alguns softwares não específicos para a área educacional, comumente instalados em microcomputadores. Com as ferramentas oferecidas por estes softwares o aluno pode produzir textos e ilustrá-los, construir gráficos, criar cartazes, resolver problemas, preparar relatórios, trabalhar com imagens paradas e em movimento etc.

Caso não haja computador na escola, deve-se procurar trabalhar com o que o aluno já experimentou em relação a esta tecnologia. Pode-se perguntar a ele, por exemplo, se já viu um computador, onde, como ele era, o que ele pode fazer, onde ele pode ser encontrado etc. Deve-se, nesse caso, levar ilustrações de computadores e pedir que os alunos também pesquisem sobre o assunto.

Uma possibilidade

Uma escola oferece aos pais e alunos um serviço informatizado de acesso online. Qualquer aluno ou responsável pode acessar os sistemas de computadores da escola, recebendo várias informações.

O serviço garante o acesso às ocorrências escolares em todos os níveis, aos resumos das atividades aula/casa e aos assuntos e tarefas dados em cada dia letivo e o que será ministrado na aula seguinte.

É possível consultar um banco de dados de exercícios que reúne numerosas questões agrupadas em diversos temas, acessar pequenos jogos, programas educacionais e testes de inteligência, além da consulta a livros na biblioteca.

Outra possibilidade já desenvolvida em uma escola foi a experiência com uma turma de EJA que utilizara o computador por alunos, em duplas, para escrever textos memorizados, desde ditados populares a trechos de música. Como o processador de textos sublinha as palavras digitadas incorretamente, os alunos são desafiados a pensar sobre suas hipóteses de escrita, discutindo com o colega.

Comunidades Virtuais de Apendizagem (CVA)

Conceito e características

Segundo Lévy (1999) e Palloff e Pratt (1999), uma comunidade virtual é formada a partir de afinidades de interesses, de conhecimentos, de projetos mútuos e valores de troca, estabelecidos num processo de cooperação, ou seja, a simples comunicação entre as pessoas não garante a formação de comunidades virtuais de aprendizagem; é necessário que o motivo que as une seja o processo de construção de conhecimento – a aprendizagem, sendo realizada de maneira coletiva e a partir do interesse mútuo dos participantes.

Sua construção

Para Palloff e Pratt (2002), os passos básicos que devem ser observados para a construção de comunidades virtuais de aprendizagem são os seguintes:
- definir claramente a proposta do grupo;
- criar um local diferenciado para o grupo;
- promover lideranças internas eficientes;
- definir normas e um claro código de conduta;
- permitir que haja uma variedade de papéis para os membros do grupo;

- permitir e facilitar subgrupos;
- permitir que os participantes resolvam suas próprias discussões (p. 48).

Como funciona

As comunidades virtuais são organismos vivos e em constante mutação, que requerem atitude atenta do moderador, que deve procurar manter o processo interativo dinâmico, provocando a participação dos membros da comunidade virtual.

Cada CVA tem a sua dinâmica própria, porém existem determinados princípios que, se observados, podem favorecer o funcionamento dos CVAs. A postura do moderador[2] em uma lista de discussão pode favorecer a criação de uma identidade entre os participantes da lista de modo a transformá-la em uma comunidade virtual de aprendizagem. Essa moderação deve ser competente em relação ao conteúdo da lista, calorosa, porém sem trazer problemas pessoais para o ambiente. Estes devem ser tratados em ambientes reservados.

O moderador deve promover e criar oportunidades para a participação dos membros do grupo de modo a construir acordos de conduta a partir dos objetivos desse grupo, tornando a moderação descentralizada, liberal e sem a imposição de normas e comportamentos rígidos que podem não ser adequados ao grupo.

Como utilizar

Ela é utilizada para desenvolver e expandir o conhecimento de um grupo sobre determinado tema.

---

[2] Moderador – pessoa responsável (professor ou especialista no assunto a ser debatido) pelo conteúdo e dinâmica das listas de discussão. Em algumas listas o seu papel é mais determinante que em outras, podendo controlar desde quem participa da lista até o tipo e quantidade de postagem das mensagens. Em algumas listas o papel do moderador não é percebido com clareza, ele é sutil.

Mais algumas dicas

Ao se decidir trabalhar com CVAs, Palloff e Pratt (2002) nos lembram que o moderador precisa estar consciente de que é preciso criar situações pedagógicas que estimulem a aprendizagem colaborativa.

Uma possibilidade

Com o advento do PAN (Jogos Pan-americanos), realizados no Brasil, uma escola, percebendo o interesse dos alunos pelo assunto, estimulou o debate das modalidades esportivas em sala de aula. Os alunos, ultrapassando os limites físicos da sala de aula, deram a sugestão de criar um ambiente online para discussão. A escola acatou a ideia e, no seu *site*, abriu espaço para o debate, formando assim uma comunidade virtual.

DVD

Conceito e características

Digital Versatile Disc (antes denominado *Digital Video Disc*) explicita o que chamamos hoje de DVD. Esta tecnologia contém informações digitais (texto, imagem e som) com capacidade maior do que os CDs (compact discs), por possuírem tecnologia ótica superior e padrões melhorados de compressão de dados.

Sua construção

Atualmente, a gravação de uma mídia DVD é um processo muito simples, podendo ser feita em computadores pessoais configurados para esta finalidade. O desafio está na construção do conteúdo do DVD utilizando a sua potencialidade multimídia.

Como funciona

Seu funcionamento se dá mediante leitura ótica dos "discos" pelo aparelho de DVD.

Como utilizar

Por ser uma tecnologia multimídia, o professor precisa estar atento às suas múltiplas possibilidades pedagógicas. Ele pode ser utilizado para leitura de textos, imagens e sons isoladamente ou de maneira integrada. Além disso, é possível adquirir no mercado DVDs comerciais com filmes, jogos, músicas, shows, programas de televisão e que podem ser integrados às atividades de ensino-aprendizagem.

Mais algumas dicas

Alguns dos cuidados de utilização pedagógica do DVD são semelhantes às do vídeo.

Devido ao avanço da tecnologia, atualmente, câmeras digitais e os programas de computador já possibilitam a produção de DVDs não profissionais, ou seja, na escola.

Uma possibilidade

Uma das atividades do projeto sobre o estudo da cultura nordestina consistiu em assistir a um DVD comercial de uma minissérie televisiva. A partir da mesma foram realizados debates que geraram trabalhos escritos, exposições de telas relacionadas ao tema, bem como dramatizações. Estas últimas foram filmadas e gravadas em DVD para arquivo da escola e posterior utilização por outras turmas nos anos seguintes.

FAQs *(Frequently Asked Questions)*
– Perguntas mais frequentes

Conceito e características

São bancos de dados constituídos de perguntas mais frequentes que as pessoas geralmente fazem sobre um determinado assunto e suas respectivas respostas, estando disponibilizados nos mais variados tipos de *sites*.

Sua construção

A FAQ é construída, tecnologicamente, com a união de diversos programas a fim de que apresente uma interface agradável para os usuários e de fácil navegação na busca e na inserção de novas perguntas, além de ter um banco de dados bem estruturado para que novas dúvidas (perguntas) e respostas possam ser inseridas.

Como utilizar

As FAQs são bastante utilizadas como uma ferramenta para esclarecer dúvidas. É alimentada pelos próprios alunos e professores. Caso o aluno tenha uma dúvida que não esteja na FAQ, ele acrescenta esta dúvida e o professor ou outro aluno responde, alimentando, atualizando e acrescentando mais dados.

Uma possibilidade

Professores de Língua Portuguesa resolveram criar uma FAQ com as dúvidas mais frequentes dos alunos sobre regras ortográficas. Assim, foi construída uma FAQ com as respostas rápidas (e práticas) sobre o tema, útil aos alunos, que puderam consultá-las facilmente. A FAQ foi disponibilizada no *site* da escola.

Fórum de discussão

Conceito e características

São interfaces utilizadas em ambientes virtuais de aprendizagem, ou páginas abertas da internet para promover o debate assíncrono através de mensagens que abordem uma mesma questão e que são publicadas pelos participantes do fórum.

As mensagens dos fóruns de discussão são organizadas por assunto, e a partir de cada assunto são organizadas por tópicos mais específicos relacionados a cada tema. As mensagens podem ser ordenadas decrescentemente por data, assim como os tópicos podem ser ordenados pela data da última postagem.

São três os tipos de participantes dos fóruns:

a) Usuários – têm liberdade para publicar mensagens em tópicos abertos ao debate e respondê-los, independentemente de quem os publicou.

b) Moderadores – têm a permissão de editar, mover, deletar, moderar as discussões, enfim, adequar o que for necessário no fórum; a função do moderador varia de fórum para fórum.

c) Administradores – têm a função de configurar o fórum, criar e adequar novas salas de discussão, enviar *e-mails* em massa, bloquear, suspender ou expulsar membros. Em alguns fóruns os moderadores acumulam a função de administradores.

Por vezes, a estrutura montada com as mensagens pode ser difícil para a recuperação e interpretação da informação. Com o intuito de facilitar a compreensão, podem ser utilizadas Redes Sistêmicas, também conhecidas como Árvores de Discussão, que organizam as informações por assuntos debatidos. Os assuntos podem constituir um *thread*, tópico ou linha de discussão, que a partir de uma mensagem original postada no fórum gera respostas e/ou comentários que vão sendo subordinadas umas às outras, formando uma conversa em cascata.

Sua construção

Um tema ou questão é postado em um fórum aberto pelo moderador ou administrador. Os usuários do fórum postam suas mensagens (respostas, comentários e/ou perguntas) a partir da mensagem inicial. Pode ser formado um ou vários *threads* a partir da mensagem inicial. O fórum é encerrado depois de um período de tempo predeterminado pelo moderador e/ou administrador ou após o debate ter esgotado o assunto.

Como funciona

Ele funciona a partir da pergunta ou comentário inicial do moderador, que deve ser respondida e/ou comentada pelos usuários, construindo os tópicos de discussão do fórum.

Os fóruns podem ser abertos ou fechados. No caso dos fóruns fechados, os usuários precisam se inscrever previamente para participarem dos debates.

Como utilizar

O fórum deve ser utilizado para debater algum assunto atual, polêmico e que permita ser abordado sob diferentes pontos de vista.

Uma possibilidade

Ao trabalhar o tema equilíbrio ecológico no planeta, um professor dos últimos anos do Ensino Fundamental se deparou com opiniões divergentes dos alunos. Por isso resolveu abrir um fórum no *site* da escola, no qual foram debatidos diferentes aspectos do tema, criando *threads* variados, de acordo com os interesses dos alunos.

Internet e suas ferramentas

Conceito e características

É a rede universal da qual todo e qualquer usuário, com um computador com dispositivo de conexão e acesso a um provedor local – diretamente ou interligado a uma rede (3) –, pode participar. É possível, ainda, ingressar nesta rede por meio de outros dispositivos, como o PDA, videogames, alguns telefones celulares, além de outros equipamentos. Surgiu em 1969 com o objetivo de tornar possível a comunicação entre os pesquisadores de algumas universidades norte-americanas que utilizavam diferentes tipos de computadores e sistemas. Popularizou-se a partir da década de 1980, permitindo o acesso individual e comercial.

A internet põe à disposição de quem a acessa uma infinidade de informações sobre os mais variados assuntos, ao mesmo tempo e em todos os cantos do mundo.

Como funciona

Para ter acesso à internet é necessário um computador, linha telefônica, cabo ou transmissão via rádio e um provedor.

A internet é formada por milhares de locais virtuais chamados de *sites* ou sítios, em que ficam armazenadas as informações. Esses *sites* estão interligados entre si através de roteadores, que são computadores dispositivos capazes de decidir como transmitir os dados da forma mais eficiente possível entre os diferentes pontos que compõem a rede. Essa forma de comunicação permite o acesso a qualquer parte do mundo.

Para que a comunicação entre esses computadores seja possível, foi criado um conjunto de regras complexas para orientá-la. Essas regras recebem o nome de TCP/IP, que significa *Transmission Control Protocol/Internet Protocol*.

Como utilizar

A internet pode e deve ser utilizada em diversas situações de aprendizagem. Nessa rede encontramos ambientes virtuais de aprendizagem que usam um conjunto de ferramentas específicas customizadas para a aprendizagem: o *e-learning* (educação a distância via internet). Além do *e-learning*, outras interfaces foram criadas na internet, descritas à parte neste livro: *chat*, fórum e lista de discussão, www, FAQs, correio eletrônico, *podcasting* etc.

Algumas das vantagens de se utilizar a rede universal como Tecnologia Educacional são:

- a possibilidade da combinação de diversas linguagens audiovisuais (vídeo, áudio, texto) que, juntas, estimulam o processo de aprendizagem independente;
- a utilização de diferentes ferramentas para a comunicação entre as pessoas;

- rapidez na busca de informações;
- interatividade em tempo real com pessoas de qualquer parte do mundo.

Por ser uma grande rede de informações, a internet é muito difundida como um grande centro de pesquisa. *Sites* de pesquisa (informações armazenadas em banco de dados), de livrarias, de dicionários, de universidades, entre outros, estão disponíveis para os alunos e professores dos diferentes níveis de ensino.

A quantidade de informações que pode ser acessada via internet é imensa. Para superar a dificuldade em buscar a informação específica, a rede possui mecanismos de pesquisa. Por meio deles pode-se fazer consultas informando palavras-chave. O mecanismo irá pesquisar uma grande quantidade de páginas. Ao terminar a pesquisa, apresentará os endereços que contêm o assunto que você informou. Estes mecanismos estão disponíveis nos denominados *sites* de busca.

Uma possibilidade

Com o intuito de reforçar as diferentes tecnologias educacionais que estão contidas na internet e valorizar a combinação de várias tecnologias para o alcance dos objetivos propostos, optamos por apresentar uma possibilidade que abrange diversas tecnologias utilizadas em determinadas etapas do processo de aprendizagem.

Os alunos do 7º ano do Ensino Fundamental estavam desenvolvendo um projeto sobre a escassez da água, com o intuito de informar, sensibilizar e alavancar a participação da comunidade para a utilização racional deste recurso. A primeira etapa do estudo consistiu em pesquisar, inclusive na internet, os recursos hídricos disponíveis no planeta, formas de poluição, experiências de preservação das nascentes e ações para evitar o desperdício da água. No segundo momento, foram levantados materiais educativos já existentes sobre o tema. Para isso, acessaram a internet com os seguintes objetivos: identificar listas de materiais e verificar os já publicados na rede. Durante o desenvolvimento do estudo, alunos e professores trocaram informações entre si e com pessoas que trabalham em pesquisa sobre o assunto através de *chat* e correio eletrônico. Após uma análise crítica das informações e dos materiais, segundo os princípios e práticas de educação ambiental, decidiram as ações a serem tomadas para que os objetivos do projeto fossem alcançados: criação de uma lista de discussão com o título "A água vai acabar?"; construção de um *site* para disponibilizar informações e dados sobre a escassez da água; estruturação de um FAQ; disponibilização de um endereço eletrônico para o recebimento de contribuições, críticas e sugestões sobre o trabalho desenvolvido.

Lista de discussão

Conceito e caracterísitcas

É uma tecnologia de comunicação assíncrona, gerenciável pela internet, e que permite a um grupo de pessoas a troca de mensagens via *e-mail*. Essas mensagens podem ser trocadas entre todos os membros do grupo e ficam registradas no espaço virtual da lista. Existem listas de discussão sobre os mais variados assuntos.

Sua construção

Uma lista de discussão pode ser aberta após seu cadastramento em um sítio *web* que ofereça o serviço gratuitamente. Após a abertura da lista e cadastrados os membros que irão participar da mesma, qualquer mensagem postada por qualquer dos membros vai automaticamente para a caixa de mensagem de todos os membros cadastrados, além de ficar registrada no sítio *web* em que a lista foi criada.

Há também a possibilidade de as mensagens ficarem apenas cadastradas no sítio da lista, sem serem enviadas automaticamente para seus membros. Neste caso, os membros precisam acessar a lista para ler as mensagens e postar novas mensagens.

Como funciona

Os membros que participam de uma lista, que pode ser moderada ou não, enviam suas mensagens para ela. Estas mensagens são postadas na lista e todos os participantes têm acesso a elas.

No caso de lista moderada, o moderador da lista pode bloquear as mensagens que não julgar adequadas. Há também a possibilidade de as mensagens precisarem ser enviadas para o moderador e este ser a única pessoa que pode publicá-las. Mas uma vez publicadas, todos os participantes da lista têm acesso às mensagens.

Mais algumas dicas

Existe uma etiqueta de como proceder nas listas de discussão, mas os participantes não têm obrigatoriedade de responder a qualquer *e-mail*. Muitos participantes apenas leem as mensagens postadas, sem manifestar suas opiniões.

Uma possibilidade

Para promover o estímulo à leitura, uma escola criou listas de discussão para cada ano escolar. Na lista, a bibliotecária (com a função de moderadora) incluía os títulos existentes na biblioteca da escola com a respectiva sinopse; os alunos, pais e professores também se tornaram participantes da lista e deviam sugerir e comentar os títulos já listados ou novos títulos, respeitando o ano escolar da lista de discussão.

Lousa eletrônica ou digital/Lousa interativa/
Quadro interativo/Quadro eletrônico

Conceito e características

Quadro branco eletrônico/digital, que permite acesso à internet, interatividade e efeitos de animação. Dispensa giz, apagador e funciona com a ponta dos dedos e com canetas eletrônicas.

Sua construção

Os quadros interativos são construídos por empresas que os vendem para escolas e outras empresas.

Pedagogicamente, as aulas podem ser construídas nos quadros interativos a partir dos registros feitos com o dedo ou a caneta eletrônica, tanto por professores quanto por alunos, ou mediante acesso à internet para consulta ou cópia de informações relevantes para a aula. Tudo que for projetado e escrito no quadro interativo pode ser salvo e enviado para outros professores e alunos.

Como funciona

Os quadros precisam estar conectados à internet para que ela possa ser acessada durante a aula. Caso não esteja, assim mesmo pode-se escrever no quadro (com o dedo ou com a caneta eletrônica) e salvar as telas.

Como utilizar

O quadro interativo pode ser usado como um quadro de giz tradicional, embora não utilize giz. Ele precisa estar conectado a um computador para que as funções de escrever, sublinhar, ressaltar, entre outras, sejam ativadas. Se estiver conectado à internet, pode-se trazer para a aula qualquer página da *web* e, mediante interação com o seu conteúdo, pode-se fazer anotações nas mesmas, que podem ser salvas para consulta posterior.

Mais algumas dicas

Por ser um quadro digital, conectado à internet, ele permite o registro do conteúdo à medida que ele é construído individual ou coletivamente na sala de aula. Os objetos projetados podem receber anotações. Todas as telas podem ser salvas e enviadas para outros alunos e professores interessados no tema.

Uma possibilidade

Um número crescente de professores tem integrado a lousa interativa em suas aulas. Por exemplo, em uma aula de Ciências o quadro interativo pode ser usado para demonstrar várias situações de um fenômeno, de modo a contar com a participação do aluno registrando na tela seus conhecimentos à medida que as situações são estudadas.

Mídia sonora

Esta mídia pode ser usada com o auxílio de um gravador analógico (*tape deck*), CD *player* convencional ou através de um computador multimídia, o qual iremos abordar a seguir.

Conceito e características

Material que armazena diversos tipos de informações sonoras (texto oral, música, histórias, entrevistas). Esse material pode ser um CD, um arquivo em MP3 ou em outra extensão digital que seja reproduzida em um computador, tocador de MP3, celular etc.

Sua construção

Com o gravador o professor e/ou aluno poderão fazer gravações de entrevistas, palestras, debates, músicas etc. Para uma gravação mais elaborada é preciso procurar profissionais da área de som que possuam equipamentos e conhecimentos apropriados.

Uma alternativa é utilizar CDs produzidos para fins didáticos ou não, mas que possam ser adaptados para uso em sala de aula.

Como utilizar

A gravação pode ser usada para:
- documentar pontos importantes de um encontro ou entrevista;
- servir de revista ou jornal falados, contendo relato de novos acontecimentos, programas com especialistas em determinado conteúdo;

- apresentar ou explicar situações-problema para serem solucionadas pelo grupo;
- documentar o desempenho de papéis em dinâmica de grupo para posterior análise;
- apresentar documentos históricos ou gravações de poesias;
- utilizar a música popular, estudando suas letras e ritmo, para eliminar preconceitos dos alunos na área da Língua Portuguesa ou em outras;
- treinar a pronúncia e ouvir letras de músicas no estudo de línguas estrangeiras;
- apresentar entrevistas ou palestras;
- desenvolver a capacidade de ouvir e interpretar;
- desenvolver a atenção exercitando a capacidade de selecionar as ideias principais, anotando-as e visualizando as explicações;
- aperfeiçoar a expressão oral, pois o gravador permite ao aluno a repetição, favorecendo uma autorreflexão.
- utilizar gravações musicais durante as aulas de criatividade em redação, possibilitando clima emocional adequado à atividade proposta, e/ou em atividades corporais e de relaxamento.

Vale ressaltar que a forma de utilização da mídia sonora depende dos objetivos visados. Qualquer que seja a utilização, o professor deverá observar tanto o tempo de duração do áudio, para evitar dispersão, como a qualidade da gravação (clareza das falas x ruídos); orientar a atenção dos alunos para os pontos principais do assunto; se necessário, interromper a gravação para explicações adicionais.

Uma possibilidade

Como uma das atividades relacionadas ao tema Trabalho, um professor de 8° ano do Ensino Fundamental propôs que os alunos, em grupo, entrevistassem profissionais de diferentes áreas utilizando um gravador. Depois, o conteúdo das gravações foi ouvido e discutido por toda a turma, que procurou identificar aspectos previamente relacionados pelos grupos sobre o tema. São exemplos desses aspectos: conceito de trabalho, relação empregado x empregador, empregado x empregado etc. Essa atividade possibilitou que os alunos analisassem a questão do trabalho de diferentes ângulos, revelando-se uma atividade integradora das diversas áreas de estudo.

Página *(home page)* instrucional

Conceito e características

É um documento eletrônico que contém *links* (vínculos) para outras páginas e *sites* selecionados e avaliados pelo professor e que são adequados aos objetivos propostos para o curso, aula e/ou atividade de aprendizagem. Existem diversos softwares que possibilitam o seu desenvolvimento. Os próprios programas de acesso à internet *(browsers)* permitem a criação de *homepages*.

Sua construção

Dependendo da sofisticação da página a ser elaborada, poderá ser utilizado um programa de autoria[3], que possibilita uma convergência de mídias na *home page*. A internet disponibiliza uma grande quantidade de páginas elaboradas com variados programas de autoria. Para uso diário na sala de aula, o professor poderá utilizar um programa básico de criação de *home pages* ou mesmo procurar aprender um programa de autoria mais simples.

Inicialmente o professor deve decidir o objetivo da sua página; a seguir, elaborar o seu roteiro, pesquisando os *sites* que servirão de *link* e as imagens que ilustrarão o *site*. Depois, digitar no computador o resultado desta pesquisa, utilizando o programa escolhido.

Após testar a página, verificando se a formatação está correta e se todos os links estão funcionando, o professor poderá "publicá-la"

---

[3] Programa de autoria – programa de computador que possibilita a elaboração de outros programas, como, por exemplo, programas educativos, ambientes virtuais de aprendizagem etc.

em um *site* particular, no da escola ou em algum outro *site* ao qual os alunos possam ter acesso à página. Além disso, também poderá disponibilizar esta página dentro de uma rede específica, fora da internet, de forma a restringir seu acesso (mesmo que esta página tenha *links* com outras, dentro do ambiente da rede mundial – internet). Poderá também salvar a página nos computadores disponíveis na sala de aula ou no laboratório da escola para que os alunos tenham acesso a ela durante a aula.

Mais algumas dicas

Sua utilização é indicada para:
- ensinar e informar sobre novos conceitos, e praticamente sobre qualquer conteúdo;
- possibilitar a utilização da internet de forma orientada, uma vez que o professor organiza o roteiro e seleciona os *links* da página;
- informar sobre eventos instrucionais do curso (atividades, cronograma, bibliografia etc.).

A página instrucional pode ser construída pelo professor, sozinho ou em equipe, juntamente com os alunos.

Uma possibilidade

a) Um professor do último ano do Ensino Fundamental decidiu elaborar uma página instrucional com informações gerais sobre o curso durante o primeiro semestre letivo. Nela incluiu: título do curso, objetivos, programa, cronograma mensal de atividades, atividades a serem desenvolvidas pelos alunos, bibliografia e procedimentos de avaliação. Nos itens programa e atividades a serem desenvolvidas pelos alunos ele criou vários *links* com *sites* que continham informações a serem usadas para pesquisa dos alunos, jogos relacionados aos objetivos do curso, bem como atividades de ensino individualizado e em grupo. A página foi publicada em um *site* de domínio público, já que a escola não possuía estrutura para hospedar as páginas dos professores. Desse modo, além das aulas presenciais, os alunos poderiam acompanhar os principais eventos do curso via internet.

b) Um outro professor decidiu criar uma página para o projeto didático sobre Dengue que duraria duas semanas. Na página incluiu os objetivos do projeto, a justificativa, o cronograma de atividades e, para cada atividade, orientações específicas para que os alunos realizassem pesquisa sobre o tema, exercícios, debates, relatórios etc. Para cada atividade proposta foram incluídos *links* a *sites* que poderiam ajudar os alunos na execução das atividades propostas. As pesquisas e produções dos alunos foram incluídas na página à medida que foram realizadas. A página foi publicada no *site* da escola, mas poderia ter sido instalada nos computadores da sala de aula ou do laboratório de Informática.

Podcasting

Conceito e características

É uma atividade que envolve duas etapas:

a) consiste em possibilitar que se publique na internet arquivos de áudio, vídeo e/ou fotos para serem compartilhados pelos usuários sde tocadores de MP3[4] e MP4[5]; e

b) a realização do *download* desses arquivos pelos usuários de MP3 e MP4.

A palavra *podcasting* é uma junção de iPod (um aparelho que toca arquivos digitais em MP3 – e *broadcasting* (transmissão de rádio ou TV). Para que se possa baixar os arquivos, é necessário que o usuário tenha acesso ao *podcasting* de sua escolha, dentre os disponíveis na internet.

---

[4] MP3 significa MPEG-1/2 Áudio Layer 3. É um tipo de arquivo de computador que disponibiliza áudio. Foi um dos primeiros tipos de arquivo para compressão de áudio.

[5] MP4 – É um tipo de arquivo que faz compressão de áudio e/ou de vídeo.

Sua construção

Com o desenvolvimento da tecnologia, hoje é possível criar um *podcasting* a partir da reunião de arquivos digitais, que posteriormente são disponibilizados na internet para que os usuários de MP3 e MP4 possam baixá-los.

Como funciona

Consiste na publicação de conteúdo digital em um *site* (*podcasting*) para que, através de *login* e senha, usuários possam realizar o *download* dos conteúdos digitais para o tocador de MP3 e MP4.

Como utilizar

Pode ser utilizado para publicar e/ou acessar conteúdo digital que dê informações básicas ou complemente o que está sendo trabalhado em sala de aula.

Mais algumas dicas

Os arquivos podem ser atualizados automaticamente mediante uma espécie de assinatura. Além disso, podem ser ouvidos diretamente no navegador ou baixados no computador.

Uma possibilidade

Verificando que os professores tinham dificuldades em compreender as possibilidades de utilização dos recursos que o computador e a internet oferecem, os alunos do último ano do Ensino Fundamental, sob orientação do professor de Informática, gravaram as dicas em MP3 e as disponibilizaram num *podcasting*, oferecendo para cada professor *login* e senha, para que eles pudessem realizar *download* das dicas e assim esclarecer suas dúvidas. Para esta atividade foi necessário criar um projeto que incluía o levantamento das dúvidas mais frequentes dos professores, a sua organização, a pesquisa das respostas e sua posterior gravação.

Palmtops, PDAs e Hand Helds

Conceito e características

São dispositivos eletrônicos comercializados que funcionam como computadores de mão (ou bolso), por sua dimensão, mas que oferecem uma série de possibilidades, tais como acesso à internet e/ou a outros computadores através de ondas de rádio (*wireless* ou *bluetooth*), permitindo baixar e armazenar arquivos, textos, fotos, filmes, músicas etc. Alguns modelos funcionam como aparelho celular.

Sua construção

Como são dispositivos de difícil digitação, normalmente são usados mais para consultas e envios de arquivos.

Como utilizar

Alguns modelos possuem câmeras de forma a captar imagens (vídeo e/ou fotos digitais). Também permitem a gravação de áudio. Porém, são mais utilizados como ferramenta para baixar arquivos, que posteriormente serão transferidos para outros computadores, onde então serão pesquisados e trabalhados. Podem acessar *e-mails*.

Uma possibilidade

Em uma escola, os alunos utilizam o PDA conectados ao computador do professor através do *bluetooth* para baixar as apresentações que são passadas e anotar as atividades que deverão ser executadas. Em casa, estes alunos baixam os textos complementares pesquisados na internet e executam os trabalhos propostos.

Programas de computador *(software)*

Conceito e características

Conjunto de instruções que determinam as possibilidades de processamento de informações (texto, imagens, áudio, vídeo, planilhas etc.) pelo computador. São exemplos de programas: editor de texto, planilhas eletrônicas, banco de dados, compactador de programas, programa de navegação na internet etc.

Sua construção

Em geral, os *softwares* a serem utilizados no Ensino Fundamental não são elaborados por professores e alunos, pois exigem conhecimento técnico de programação. Sugere-se que o professor utilize programas de autoria que podem ajudá-lo na construção de aplicações de programas, ou consulte profissionais da área de Informática Educativa, que podem auxiliá-lo a selecionar e/ou elaborar os programas mais adequados à situação de ensino-aprendizagem.

Existem no mercado programas educativos nacionais de boa qualidade, que podem ser usados de acordo com os objetivos de ensino-aprendizagem. Dependendo do nível da complexidade de programação do *software*, ele pode ser armazenado em disquetes, CDs, DVDs, *ZipDisk*, *pen drives* ou ser baixado diretamente da internet.

Como utilizar

Os *softwares* educativos podem ser utilizados em escolas que possuem computadores com a configuração adequada ao programa selecionado.

O aluno interage com o programa individualmente ou em pequenos grupos.

Uma possibilidade

Devido às infinitas possibilidades de utilização destas tecnologias, apresentamos mais de uma experiência pedagógica que as envolve:

a) Uma professora de 7º ano do Ensino Fundamental de uma escola bem equipada em termos de computadores e programas variados percebeu que seus alunos vinham fazendo perguntas sobre música clássica, arte, história antiga e contemporânea etc. Verificando ser impossível para ela responder satisfatoriamente a todos os alunos, reservou algumas horas no laboratório de computação da escola e, agrupados por interesse, os alunos "navegaram" por diferentes programas, dos quais selecionaram informações que julgaram relevantes sobre o assunto. Depois, compartilharam as informações com os colegas e juntos as organizaram. Desse modo, saciaram sua curiosidade sobre diversos aspectos culturais e, certamente, ampliaram seus horizontes.

b) Uma turma do último ano do Ensino Fundamental, após estudar o descobrimento da América, orientada pelos professores de História e de Informática, criou um hipertexto[6] no Laboratório de Informática para que as demais turmas pudessem utilizá-lo como mais uma fonte de pesquisa. A turma foi dividida em grupos e foi traçado o seguinte roteiro: um grupo escreveria sobre o tema de forma linear e os outros, de acordo com suas preferências, escolheriam palavras do texto linear para produzir os textos das ramificações do programa. Assim, qualquer aluno que lesse o texto poderia aprofundar-se em alguns temas, como Marco Polo, Escola de Sagres, Constantinopla, Índios, porque havia um texto específico sobre cada um deles. Foram escolhidas gravuras e desenhos feitos pelos alunos para ilustrar os textos. Os professores e alunos que dominavam o programa de hipertexto formataram as produções, que foram disponibilizadas nos computadores da escola.

Ao ler o texto linear, o aluno observava que algumas palavras estavam destacadas, e, ao "clicar" com o mouse em cima destas palavras, aparecia um novo texto informativo (texto ramificado) sobre o tema que a palavra representava.

---

[6] É uma tecnologia que permite ao aluno ter acesso a diferentes informações de acordo com seu interesse ou intuitivamente. Ou seja, o hipertexto possibilita a ramificação (oferecimento de diferentes caminhos) dos textos.

Rádio

Conceito e características

Dado o uso corrente deste termo e a dificuldade de desvincular, no seu conceito, o equipamento dos programas por ele veiculado, nós o utilizamos referindo-nos, na verdade, em relação aos seus programas.

O rádio é um dos veículos de comunicação de maior penetração na população brasileira. Seus programas atingem uma larga faixa etária, além de serem aceitos por todas as classes sociais. Esta é uma característica que torna o rádio capaz de exercer função educativa, além de entretenimento. Outras características que lhe conferem essa capacidade são o baixo custo do aparelho e o seu caráter local.

O rádio pode ser considerado um instrumento de disseminação de informações básicas; de persuasão para a mudança de valores; de expressão e aproximação entre as pessoas; de participação na tomada de decisões; de mudança política e social, mediante a dinamização de processos de ação coletiva, de difusão cultural e de ensino.

Nesse sentido, tem uma função mais ampla do que apenas informar, devendo participar da ação educativa e contribuir para a promoção do desenvolvimento integral do homem e da comunidade.

Nos últimos anos, uma modalidade de rádio que vem crescendo bastante é a rádio comunitária. Ela é geralmente montada pelas associações comunitárias que recebem apoio de organizações governamentais, parlamentares ou faculdades de comunicação para a aquisição dos equipamentos e formação das pessoas que vão atuar na rádio. Funciona como voz da comunidade, discutindo seus problemas, promovendo seus artistas e sua produção cultural, e veiculando notícias que não teriam espaço na mídia em geral. É um agente mobilizador e formador da identidade da comunidade e capacita as pessoas para produzirem e veicularem as notícias de que são protagonistas. Para a escola, as rádios comunitárias podem ser um veículo de divulgação de suas propostas e eventos, contribuindo para o estreitamento da relação entre escola e comunidade.

O uso do rádio com objetivo educacional visa oferecer aos ouvintes condições de aquisição de conhecimento e/ou mudança de comportamento, isto é, facilitar a aprendizagem.

Vantagens do uso do rádio:

- ser um instrumento simples que utiliza linguagem oral;
- ser um meio de uso universal, econômico e mobilizador.

Sua construção

Programas de rádio exigem em geral preparo técnico e a participação de diferentes profissionais, além de equipamento adequado para a sua elaboração e veiculação.

No entanto, o professor pode simular programas de rádio em aula, utilizando gravações em fita sonora e ajudando os alunos a planejar e realizar programas variados para sua turma e sua escola.

Como utilizar

O rádio pode ser utilizado como agente de educação formal e de aperfeiçoamento de professores ou como meio de tele-ensino. Para isso, sua programação deve fornecer elementos que permitam a compreensão, a problematização e a estimulação do pensamento crítico.

Por outro lado, possui limitações, como a unilateralidade, a comunicação fugaz e irreversível e a ausência de imagens. Estas limitações podem ser minimizadas com a atuação organizada do professor, que deverá dinamizar a informação, retificando, ratificando, ampliando e/ou criticando a mensagem, com a utilização, por exemplo, de recursos destinados a ilustrar os assuntos tratados.

É válido mencionar também que alguns programas educativos já preveem algum tipo de interatividade, com a participação dos ouvintes por telefonemas, cartas, *e-mails* ou faxes como forma de atenuar sua característica de unilateralidade.

Mais algumas dicas

O rádio é um elemento estimulador da reflexão individual. Por isso, é importante utilizar pedagogicamente toda a programação e não apenas os programas educativos, já que não são só estes que levam à aprendizagem.

É necessário que o aluno desenvolva o senso crítico, analisando tudo o que ouvir.

Com o desenvolvimento de novas tecnologias, o papel do rádio como principal fonte de informação e entretenimento vem sofrendo alterações, resultando na redução de programas educacionais hoje transmitidos basicamente pelas rádios educativas.

Essa realidade não significa que ele não possa ser utilizado na sala de aula. Por ser o rádio um dos meios de comunicação de massa, sugerimos que o leitor consulte a seção deste trabalho intitulada "Um olhar necessário", na qual são apresentadas algumas possibilidades de utilização desse recurso em sala de aula.

Uma possibilidade

Com o objetivo de oferecer entretenimento e informação para os colegas das demais turmas da escola, os alunos do último ano, sob a orientação dos professores de Língua Portuguesa e Ciências, criaram a Rádio Pátio. Nos intervalos entre as aulas, a rádio apresentava notícias gerais e informações sobre a rotina escolar. No horário do recreio e entre um turno e outro, músicas (selecionadas e sugeridas pelos alunos) eram veiculadas.

Os alunos do último ano se estruturaram em equipes que faziam rodízio no trabalho da rádio. Dessa forma, todos aprendiam e cultivavam o espírito de equipe.

Site

Conceitos e características

O *site* é constituído por um conjunto de páginas eletrônicas, que, por sua vez, apresenta informações organizadas sob a forma de textos, imagens gráficas, vídeo e som. Um conjunto de *sites* integrados formam um portal.

O endereço de um *site* sempre começa com www, que é a plataforma de navegação da internet (a utilizada por qualquer usuário). O sufixo do endereço do *site* normalmente é a abreviatura do país no qual o *site* foi registrado (não necessariamente criado). O pré-sufixo indica a natureza do *site* – gov, edu, com, org, ind, por exemplo.

Sua construção

Para construir um *site*, utiliza-se um editor de HTML (*HyperText Markup Language*, que significa *Linguagem de Marcação de Hipertexto*) com a união de outros softwares e programação, dependendo do nível de sofisticação do *site*.

Apesar de livros técnicos de Informática ou até mesmo alguns *sites* na internet apresentarem o passo a passo para a produção de um *site*, o ideal é ter um profissional da área de Informática, especializado, para elaborá-lo e implementá-lo.

Como utilizar

Muitos professores possuem sua página ou *site* na internet como um portfólio dinâmico de suas atividades acadêmicas e para trocas de informações com os alunos e demais docentes.

As escolas já estão, também, implementando os seus *sites* e/ou portais[7] para divulgar, para a comunidade escolar e para outros usuários da internet, seus serviços, atividades, programação e produção de conhecimento.

---

[7] *Sites* que agregam informações, aplicações e serviços relevantes a um tema, por meio de uma única interface. O conteúdo é apresentado de forma abrangente, na expectativa de atender às necessidades de informação dos usuários da área do tema focalizado.

Uma possibilidade

Uma escola realizou um projeto unindo Artes com Informática. Os alunos de todos os anos escolares conheceram alguns estilos e escolas de arte e criaram, nos laboratórios de Informática, com a utilização de programas específicos para desenhar, "quadros virtuais" caracterizando cada estilo de arte estudado. Com o objetivo de apresentar para a comunidade escolar as obras de arte digitais dos estudantes, a escola criou uma página na internet para a exposição virtual.

Slide

Conceito e características

É um material feito de filme fotográfico especial para *slide*, e que necessita ser utilizado com a ajuda de um aparelho que projeta imagens fixas de forma ampliada.

Sua construção

Existe no mercado uma variedade de *slides* que o professor ou a escola pode adquirir.

O professor que desejar fazer seus próprios *slides* precisa possuir máquina fotográfica e usar filme apropriado. Além disso, é necessário que ele tenha conhecimento de fotografia. Existem livros especializados e fotógrafos profissionais que podem auxiliá-lo.

Outra alternativa consiste em usar as molduras próprias, papel celofane e caneta hidrocor, desenhar e montar seus próprios *slides*.

Hoje é comum a criação de *slides* com *softwares* específicos e sua projeção através de telão multimídia.

Como utilizar

O *slide* pode ser utilizado para auxiliar no início ou no desenvolvimento de um assunto em sua culminância.

Ao utilizar *slides*, o professor deve:
• fazer breve explanação sobre cada um;

- projetá-los, segundo sua sequência e com possibilidade de intervenção dos alunos;
- conhecer a sequência, o que facilitará o retorno ou avanço de uma imagem, caso seja preciso;
- considerar o tempo de aula, pois o número inadequado de *slides* prejudicará o desenvolvimento da atividade;
- concluir a projeção ressaltando os principais aspectos observados.

Mais algumas dicas

Para melhor aproveitamento deste recurso devem ser planejadas atividades para após a projeção, como debates, elaboração de texto pelos alunos, organização de um roteiro que englobe as várias fases da exposição.

Uma possibilidade

Uma turma de 2º ano assistiu à sequência, sem som, de *slides* sobre a fábula "A cigarra e a formiga". Depois de analisar e debater o que foi visto, a professora propôs que os alunos escrevessem a história da forma como a perceberam.

Televisão comercial

Conceito e características

A televisão pode ser aberta – os canais abertos, distribuídos gratuitamente através de ondas VHF ou UHF –; ou pode ser fechada (popularmente conhecida como TV a Cabo) – canais fechados distribuídos através de cabos ou fibras óticas ou mesmo via ondas MMDS ou banda KU (TVs digitais). Neste último caso, é necessário um contrato de assinatura junto a uma operadora local.

O aparelho de televisão é um equipamento que transmite sons e imagens organizados sob a forma de programas e comerciais, que exigem do telespectador a integração de vários sentidos, pressupondo uma percepção polivalente. Neste livro, no entanto, são os programas de TV, e não o estudo do equipamento, que nos interessam.

A televisão comercial é aquela que se mantém mediante a venda de sua programação. Sua utilização como veículo educativo pode:

- fornecer informações de especialistas das mais variadas áreas do conhecimento;
- ter caráter instantâneo, ao vivo;
- mostrar detalhes que o olho humano não pode perceber diretamente;
- mostrar a evolução de um fenômeno;
- possibilitar a repetição de um acontecimento;
- complementar informações relativas a qualquer assunto, podendo integrar conteúdos curriculares;
- mostrar acontecimentos, manifestações distantes no tempo e espaço.

Sua construção

Os programas de televisão são produzidos comercialmente, mas o professor pode simulá-los em suas aulas. Mais comum do que sua simulação é sua utilização, que deve ser pautada pela seleção criteriosa dos programas a serem assistidos e que serão trabalhados pedagogicamente.

Como utilizar

Ao utilizar programas de TV de canais comerciais o professor deve:
- selecioná-los criteriosamente, com base nos objetivos do ensino-aprendizagem;
- planejar atividades didáticas relacionadas com o assunto;
- assistir e analisar o programa com a turma;
- no caso de o programa ser assistido em casa para ser trabalhado em aula, orientar previamente os alunos;
- realizar atividades destinadas a ampliar e aprofundar os conhecimentos dos alunos em relação ao assunto;
- analisar a linguagem utilizada por este veículo;
- avaliar a atividade desenvolvida;
- discutir a qualidade da mensagem e sua adequação ao público-alvo.

Mais algumas dicas

A turma poderá produzir seus próprios programas televisivos simulados, discutindo não só a forma de produção como o teor dos programas, buscando desenvolver uma leitura crítica desse meio e incentivando a pesquisa. Esta é uma maneira bastante interessante de desmistificar a TV e ajudar os alunos a perceberem que na elaboração dos programas são realizadas escolhas baseadas nos critérios e objetivos estabelecidos por quem dirige o programa.

A produção deverá, na medida do possível, ser relacionada ao conteúdo programático a ser desenvolvido com a turma.

Na seção deste trabalho intitulada "Um olhar necessário" é discutida a leitura crítica dos meios de comunicação de massa.

A TV comercial pode ser veiculada por canal digital, o que tem recebido o nome de TV digital, televisão digital ou TV interativa.

Esse tipo de televisão usa um tipo de modulação e compressão digital para enviar vídeo, áudio e sinais de dados aos aparelhos compatíveis com a tecnologia digital. A TV digital proporciona transmissão e recepção de maior quantidade e qualidade de conteúdo (imagem, som e dados) por um mesmo canal.

Outra característica importante desta tecnologia é o fato de ela ser interativa, ou seja, de permitir que o usuário interfira na programação, escolhendo o que quer ver, acesse a *web* e o conteúdo digital específico para televisão. (http://www.universia.com.br/html/materia/materia_gaaj.html).

A construção e veiculação dos seus programas é realizada por profissionais da área de informática e comunicação.

Mediante a utilização do controle remoto será possível selecionar programas, fazer compras e acessar conteúdos voltados à aprendizagem a distância (*e-learning*).

Uma possibilidade

Uma professora de 5º ano do Ensino Fundamental percebeu que os alunos tinham grande interesse por uma novela da televisão. Organizou, então, uma atividade sobre o assunto, pedindo aos alunos que, em grupo, planejassem cenas da novela que mais lhes chamaram a atenção.

Após escreverem o roteiro de quatro cenas que foram dramatizadas na turma, a professora discutiu com os alunos o significado de cada encenação e as atitudes dos personagens.

Televisão educativa

Conceito e características

São canais de televisão que têm como objetivo definido transmitir programas educativos, podendo atuar de duas maneiras:
- diretamente, com os chamados cursos televisados, como os cursos de educação formal, além de cursos de atualização, especialização, extensão, de línguas etc.;
- indiretamente, procurando cooperar com o ensino convencional, tendo como função a complementação ou suplementação do ensino regular e a formação de hábitos, valores e atitudes.

Podem ser canais abertos: TVBrasil, TV Cultura, Futura, etc.; ou canais fechados, mais específicos: Discovery Channel, Animal

Planet, National Geographic e tantos outros, com uma ampla grade de programas sobre História, Geografia, Ciências e Línguas, sem contarmos com os programas em outros idiomas, além de programação cultural e artística.

As teleaulas podem ser das seguintes modalidades: exposição-demonstração (exposição e explicação do tema), entrevista, mesa-redonda, representação (dramatização).

A TV Educativa também veicula programas culturais diversos, como concertos, eventos esportivos, *shows*, entrevistas, debates, filmes clássicos, documentários etc.

Sua construção

Os programas educativos são produzidos pelas emissoras de televisão. Cabe ao professor selecionar criteriosamente os programas a serem assistidos e trabalhados pedagogicamente em suas aulas.

Como utilizar

A recepção de aulas de um curso pela televisão pode ocorrer de forma isolada ou em grupo.

Isoladamente, o telespectador assiste à aula realizando os trabalhos indicados, em geral impressos nos manuais (guias do estudante).

A recepção em grupo, no contexto de cursos tradicionais, requer a presença do professor, que prepara os trabalhos, complementa a aula, promove debates etc. Nesse caso, para maior rendimento, deve ser observado um número máximo de alunos por televisor.

Mais algumas dicas

A TV Educativa, além de sua utilização para o alcance de objetivos do domínio cognitivo, deve também levar as pessoas a desenvolver o gosto pela cultura, o senso artístico, a formação de opiniões e valores.

Lembramos que na seção deste livro intitulada "Um olhar necessário" é discutida a leitura crítica dos meios de comunicação de massa.

Uma possibilidade

Os alunos do 6º ano do Ensino Fundamental escreveram vários contos fantásticos e realistas, apropriando-se deste tipo de texto e de suas características narrativas, após assistirem a uma série de programas de animação em uma TV Educativa que apresentava contos clássicos da literatura mundial. Primeiro eles escreveram os textos dos contos que assistiram, leram também nos livros os mesmos clássicos e outros contos para aperfeiçoarem e concluírem seu trabalho. Os textos dos alunos foram encadernados de maneira artesanal e publicados para a escola e a comunidade.

Transparência para retroprojetor

Conceito e características

É um recurso, feito de material transparente, colocado sobre o retroprojetor para apresentar visualmente conceitos, processos, fatos, estatísticas, esquemas, diagramas, mapas, sumários, gráficos etc.

Pode ser utilizado em qualquer disciplina, pois proporciona uma visão de conjunto que concentra a atenção do grupo.

O retroprojetor é um aparelho que tem como objetivo ampliar a imagem projetada, facilitando a transmissão da mensagem.

Sua construção

A transparência pode ser confeccionada em papel vegetal, acetato, celuloide, celofane, vidro, plástico transparente ou radiografias já usadas e lavadas com água sanitária e esponja.

Na preparação desta tecnologia é conveniente limitar o conteúdo de cada transparência e usar letra simples e de bom tamanho.

Para desenhar ou escrever, pode-se usar nanquim preto ou colorido, pincel atômico ou canetas próprias para transparências. Elas também podem ser feitas no computador ou queimadas em máquina copiadora, utilizando-se acetato próprio.

Pode-se ainda usar superposição de transparências para descrever etapas de processos – à medida que se remove cada transparência trabalhada – e ideias complexas, ou apresentá-las por partes, colocando-se máscaras (tiras de papel opaco) para serem retiradas na hora certa.

É recomendável distribuir cópias das transparências aos alunos.

Como utilizar

As transparências devem ser projetadas uma a uma e durante a projeção o professor pode acrescentar informações usando uma caneta própria. Após cada projeção deve desligar o retroprojetor, para dar explicações adicionais.

Para usar corretamente esse equipamento, o professor deve ficar de frente para a turma, com a imagem sendo projetada atrás dele. Quando necessário, deverá apontar o conteúdo na lâmina que está no retroprojetor, com uma caneta ou ponteira, e não na parede ou tela.

Um aspecto importante a ser considerado quando utilizadas para apresentações é a quantidade de transparências, que deve se concentrar nos pontos essenciais do assunto e não excessiva.

Uma possibilidade

Uma professora de artes apresentou através de transparências pinturas famosas que representam um estilo, orientando os alunos a apreciarem as obras; chamava a atenção para os detalhes que caracterizavam aquele momento da História da Arte. Depois, ao som de músicas do mesmo período, os alunos produziram obras com as características daquele estilo.

Vídeo

Conceito e características

São imagens gravadas, acompanhadas ou não de som e que podem ser armazenadas nas seguintes mídias: fita (VHS, SVHS), disco magnético (CD, DVD, VCD) e mídia digital (DV e mini DV). Para sua reprodução são necessários aparelhos específicos: videocassete ou tocador de DVD, conjugado com uma televisão ou monitor, ou mesmo um computador configurado para esta finalidade.

O vídeo oferece uma série de vantagens:
- permite repetição;
- pode ser usado individualmente ou em grupo;
- cria experiências comuns;
- permite individualização do ensino e autoinstrução;
- amplia ou reduz objetos;
- apressa e retarda processos;
- traz às aulas acontecimentos próximos ou distantes no tempo e no espaço;
- facilita o entendimento de situações abstratas;
- orienta a atenção;
- facilita a criatividade do professor para lidar com situações específicas de sala de aula;
- pode conter programas predominantemente didáticos ou filmes/programas produzidos para o entretenimento.

Este recurso não é um fim em si mesmo e necessita de material de apoio adequado e da atuação correta do professor para que se possa atingir satisfatoriamente os objetivos pedagógicos com o seu uso.

A tecnologia do vídeo analógico vem sendo rapidamente substituída pelo vídeo digital, que pode ser feito com câmeras e/ou filmadoras digitais.

Sua construção

É preciso possuir um aparelho que capture imagens e a mídia específica para este aparelho. O professor, junto com os alunos, pode planejar uma produção simples e utilizar o aparelho, normalmente uma câmera, para a filmagem de entrevistas, eventos ou gravação das tomadas (*takes*) previstas na produção.

Alguns cuidados devem ser observados durante a filmagem: seguir o roteiro elaborado, procurar não deixar a máquina tremer – se possível, com o uso de um tripé –, e realizar movimentos suaves com a câmera. Caso não haja edição[8], esses cuidados devem ser redobrados.

É possível conseguir vídeos didáticos por meio de videotecas e em bancos de vídeos disponibilizados na internet.

Como utilizar

Antes e depois da apresentação do vídeo, o professor precisa tomar algumas providências:

- preparar de antemão a projeção, elaborando roteiro e verificando as condições tanto do aparelho de reprodução quanto da mídia que está armazenando o vídeo;
- eliminar reflexos na sala, manter a luz baixa, certificar-se de que todos podem ver e ouvir bem;
- colocar a mídia de vídeo no ponto certo de começar;

---

[8] Recurso de pós-produção, no qual se excluem as tomadas indesejadas e são realizados os cortes necessários, acréscimo de locução, fundo musical, inserção de letreiros e imagens adicionados ao programa.

- preparar os alunos com uma apresentação prévia (comentário sobre o tema, informação a respeito do que se espera que eles aprendam);
- comentar o vídeo imediatamente após a projeção, sintetizando seus pontos principais, tirando dúvidas, aproveitando o interesse suscitado pela apresentação visual do tema, estimulando leituras e outras atividades complementares.

O professor nunca deve utilizar um vídeo que não tenha assistido anteriormente.

Na seleção dos vídeos, cabe ao docente considerar a adequação do programa aos seus objetivos e ao conteúdo de sua aula, ao interesse dos alunos pelo assunto, ao grau de maturidade do grupo, e deve pensar na contribuição que o programa vai proporcionar (experiências inéditas, aprendizagem em grupo, informações precisas) e avaliar sua qualidade (fotografia, cor, som, fluência, instruções didáticas que o acompanham).

Mais algumas dicas

O professor pode usar o vídeo educativo em diferentes situações e para atingir objetivos variados, como:
- comunicar informações;
- modificar e fortalecer atitudes;
- despertar o interesse dos alunos para algum tema ou conteúdo;
- auxiliar os alunos na solução de problemas concretos;
- avaliar ou verificar aprendizagem;
- iniciar a discussão de um tema;
- facilitar a compreensão de fenômenos complexos;
- observar e explorar ações que se realizam em lugares inacessíveis;
- desenvolver a capacidade de questionamento e crítica da realidade.

Uma possibilidade

Uma turma do 4° ano do Ensino Fundamental resolveu fazer um programa jornalístico sobre cidadania. Após o planejamento conjunto realizado em sala de aula, a turma foi à comunidade entrevistar, observar e filmar as diferentes situações que serviriam de matéria para o jornal. Depois, foi selecionado e organizado o material coletado para a montagem do programa e o vídeo foi exibido para as outras turmas, para os pais dos alunos e para a comunidade.

Videoconferência

Conceito e características

Videoconferência é uma discussão que permite o contato visual e sonoro entre pessoas que estão em lugares diferentes, dando a sensação de que os interlocutores se encontram no mesmo local. Permite não só a comunicação entre um grupo, mas também a comunicação pessoa a pessoa. A internet possibilitou um amplo acesso a essa tecnologia, com mais ou menos recursos, dependendo da sofisticação da configuração dos equipamentos utilizados.

Sua construção

Existem empresas especializadas em serviços de videoconferência. Cabe à escola, ou professor, escolher a mais adequada para a sua situação de ensino-aprendizagem.

No entanto, a videoconferência pode ser feita de maneira mais informal quando o palestrante e a audiência tiverem acesso a um computador conectado à internet, utilizando microfone, *webcam* e *software* específico que pode ser gratuito (como o Skype e o MSN).

Como funciona

A videoconferência se dá em dois ou mais locais distintos, interligados simultaneamente através da internet ou de ondas de radiofrequência (via satélite), equipados com:
• Computadores – utilizados para ler documentos, navegar na internet ou projetar/receber conteúdos.

- Câmera – capta a imagem que será transmitida via rede ou por satélite. Pode ser uma *webcam* simples (fixa) ou mesmo uma filmadora digital profissional, operada por um cinegrafista, que pode direcionar o foco para quem fala (algumas *webcams* mais sofisticadas também têm este recurso, podendo ser controladas remotamente). É essencial para identificar os participantes que estão falando.
- Tela – aparelho de TV ou telão que amplia a imagem do painel de controle. Enquanto o professor olha para a tela, a câmera transmite sua imagem por satélite para os alunos e vice-versa. Utilizado em videoconferências com plateias com um número maior de pessoas.
- Painel de controle – professor controla a visão da sala de aula, e pode escolher o foco em um aluno com apenas um toque de dedo.
- Projetor – utilizado para exibir documentos, fotos, livros.

Como utilizar

A videoconferência serve para aproximar palestrantes especialistas à sua audiência. O professor que optar por essa tecnologia deve planejá-la cuidadosamente tanto em relação ao conteúdo a ser trabalhado quanto à tecnologia a ser utilizada.

Uma possibilidade

Uma escola de Ensino Médio, com o objetivo de dinamizar a orientação vocacional dos seus alunos, programou, junto com eles, uma série de videoconferências com profissionais das áreas de interesse dos alunos.

Webquest

Conceito e características

Consiste em uma metodologia de pesquisa baseada em projetos, na qual quase todos os recursos utilizados são provenientes da *web*.

Sua construção

A *Webquest* precisa ser publicada em um *web site*. Ela pode ser construída com um editor de HTML (*Hyper Text Markup Language*, utilizado para produzir páginas na *web*), com um seviço de blog (página da *web* cujas atualizações podem ser relacionadas a assuntos variados e ser escrito por diferentes pessoas, cujas informações são organizadas cronologicamente).

A *Webquest* tem a seguinte estrutura:

a) Introdução – deve situar o tema no currículo e sua relevância, assim como apresentar uma visão geral da abordagem proposta para o estudo do tema, que deve ser motivadora e desafiadora.

b) Tarefa – sendo a *Webquest* uma metodologia baseada em projetos, a tarefa deve propor a realização de uma atividade concreta, relacionada ao saber fazer.

c) Processo – consiste na elaboração do roteiro que indicará aos alunos a direção que devem seguir para a realização da tarefa.

d) Recursos – os recursos selecionados são apresentados aos alunos, que os utilizam à medida que for necessário.

e) Avaliação – apresentação dos critérios de avaliação.

f) Conclusão – contém duas partes: (a) principais ideias desenvolvidas pelos alunos; (b) comentários do professor que reafirmem aspectos de interesse registrados na introdução, realçando a importância do que os alunos aprenderam e apontando caminhos que eles possam seguir para ampliar e aprofundar a investigação.

g) Créditos – especificar as fontes de todos os materiais utilizados e quem desenvolveu a *Webquest*, em que ano e em que instituição de ensino.

Como funciona

Não existe uma única maneira pré-definida para se desenvolver uma *Webquest*, mas Bernie Dodge e Tom March, seus autores, sugerem alguns cuidados que merecem atenção:

- o professor deve definir com clareza o tema, que deve ser relevante e contextualizado no currículo;
- a abordagem pedagógica a ser utilizada deve despertar e manter o interesse dos alunos;
- as fontes a serem consultadas pelos alunos e as instruções das tarefas devem ser claras e conduzir à realização da tarefa;
- o processo de pesquisa assim como os recursos devem ser estruturados de maneira adequada aos alunos e ao conteúdo a ser pesquisado;
- a pesquisa deve ser feita principalmente na *web* ou a partir da *web*, mas deve utilizar outras fontes de informação;
- o professor deve redigir a introdução ao tema e as conclusões pretendidas.

Certamente os alunos podem buscar e alcançar outras conclusões, além das previstas, mas as necessárias para o domínio do conteúdo da *Webquest* devem ser especificadas pelo professor, sob a forma de gabarito da atividade. Os autores desta metodologia sugerem a criação de pelo menos três gabaritos e a revisão da *Webquest* todas as vezes que sua avaliação indicar essa necessidade.

Como utilizar

Pode ser utilizada como uma forma dinâmica de realização de um trabalho individual ou em grupo; e pode ser desenvolvida em sala de aula ou como atividade extraclasse.

Mais algumas dicas

Esta metodologia de pesquisa foi proposta pelo Professor Bernie Dodge, da Universidade de São Diego, em 1995. Desde então tem sido amplamente utilizada no Ensino Fundamental e Médio.

Uma possibilidade

Já existe uma infinidade de exemplos de *Webquests* disponibilizados na internet, mostrando experiências, perspectivas e como criar. Faça a sua busca utilizando a palavra-chave *Webquest*.

Wiki

Conceito e características

O termo *wiki* (pronunciado "viquie" ou "uikie") é utilizado para identificar um tipo específico de coleção de documentos em hipertexto ou o sofware colaborativo usado para criá-lo.

Os *wikis* publicados na *web* permitem que os documentos sejam editados coletivamente, ou seja, todas as pessoas que têm acesso a eles podem modificá-los, acrescentando, retirando ou alterando informações.

Há os *wikis* fechados, aqueles que estão, por exemplo, em algum ambiente virtual de aprendizagem, no qual apenas têm acesso as pessoas cadastradas; existe, em sua maioria, os *wikis* em ambientes abertos, nos quais quaisquer usuários na internet podem registrar sua opinião e suas ideias. Porém, é preciso que as informações contidas nos *wikis* sejam lidas com cuidado, criticamente, pois existem casos em que são registradas informações incorretas e inverídicas.

Sua construção

A partir da disponibilização de um ambiente *wiki*, as pessoas podem inserir seus textos, interferindo na construção do documento. O melhor exemplo é a enciclopédia virtual wikipédia: http:// pt.wikipedia.org

Como utilizar

Para trabalhos didáticos cujo principal objetivo seja a atividade de colaboração e cooperação.

Mais algumas dicas

Wikis são verdadeiras mídias hipertextuais, com estrutura de navegação não linear. Cada página geralmente contém um grande número de ligações para outras páginas. Páginas com navegação hierárquica são frequentemente usadas em grandes *wikis*, mas não devem ser usadas. As ligações são criadas usando-se uma sintaxe específica, o chamado "padrão link" (www.wikipedia.org).

Uma possibilidade

Uma escola, após comemorar com diversas atividades pedagógicas a Semana de Arte Moderna, resolveu construir um texto coletivo que registrasse o acontecido. Assim, abriu um *wiki* em seu espaço virtual de aprendizagem e inscreveu os alunos interessados em participar. Durante duas semanas, esses alunos registraram sua visão sobre a Semana, adicionando ideias, modificando algumas posições dos colegas e acrescentando opiniões.

3

Um olhar necessário

Ao longo deste trabalho, em diferentes elementos do estudo das tecnologias, foi enfatizada a necessidade de a escola ter sempre presente a preocupação com a leitura crítica dos meios de comunicação de massa. Julgamos necessário, portanto, desenvolver melhor essa ideia e, para isso, tomamos por base principalmente o trabalho do Professor José Manuel Moran, especialista no assunto, e o trabalho de Ligia Chiappini, que apresenta as primeiras conclusões sobre a pesquisa "A circulação dos textos na escola", financiada pelo CNPq e pela Fapesp desde 1992, e demonstrada, em parte, em seu livro *Aprender e ensinar com textos não escolares* (2001).

O avanço dos meios de comunicação contribuiu para mudar, em nossa sociedade, hábitos, concepções de vida e a própria cultura, em sentido mais amplo. Segundo Moran (1991), os veículos de comunicação "refletem, recriam e difundem o que se torna importante socialmente, tanto no nível dos acontecimentos (informação) como no do imaginário (ficção)" (p. 5). Diversos autores confirmam essa ideia e descrevem sumariamente assim sua evolução: primeiro, foram os livros (século XV, divulgados em larga escala graças aos tipos móveis de Gutenberg), que influenciaram a sociedade e a educação; depois foram o jornal periódico (século XVII), o rádio (século XIX), a televisão e o computador (século XX). Entretanto, essas tecnologias *revolucionaram* o mundo de maneiras diferentes.

Analisando o século XX, em especial as décadas de 80 e 90, pode-se verificar que ele se caracterizou principalmente pela velocidade da criação e transmissão de informações e imagens; isso acarretou o desenvolvimento de uma imaginação caótica, uma vez que não há tempo para refletir sobre o que é visto e ouvido. Em maior ou menor grau, sofremos influência dos meios de comunicação de massa através das sequências fragmentadas, ora não lineares, da rapidez, da presença marcante da imagem (CITELLI, apud CHIAPPINI, 2000).

Também merece atenção o papel de educador coletivo exercido pelos meios de comunicação de massa. Apesar de difundirem significados compatíveis com uma ideologia dominante, eles permitem, mediante seu fluxo de informação, que atinge a todos, o acesso a certo tipo de conhecimento que vincula os indivíduos ao local e tempo em que vivem. Trata-se de garantir informações, pelo processo de educação informal, àqueles que têm neles quase que as únicas oportunidades de aprendizagem.

Sabendo-se que os meios de comunicação de massa constituem processos eficientes de educação informal, porque ensinam de forma atraente e voluntária, como se posicionam os educadores em relação a eles?

Basicamente adotam duas atitudes. Por um lado, os meios de comunicação de massa são vistos como ótima alternativa educacional, como recursos que modernizam a educação e que devem ser utilizados intensivamente para suprir deficiências da escola. Por outro lado, são vistos como *dominadores*, todo-poderosos, alienantes, devendo por isso ser combatidos, rejeitados ou ignorados.

Entretanto, essas posições são por demais extremas. Na opinião de Moran (1991), esses meios "não são todo-poderosos nem diabólicos, são simples, fáceis, mas não ingênuos; fascinantes e preocupantes, ao mesmo tempo" (p. 6). Logo, a superação das posições mencionadas leva à outra, na qual não ocorre nem negação nem a sua total assimilação; o que se faz necessário é desmistificá-los. Daí a importância da leitura crítica dos meios de comunicação de massa.

De acordo com o mesmo autor, "ler a comunicação é descobrir as relações humanas e econômicas dissimuladas, explicitar contradições ocultas" e, ainda, procurar "encontrar sentido, coerência e alguma lógica em todas as manifestações do universo cultural, organizar e interpretar as diversas expressões da cultura humana, que inclui o intelectual, mas não se reduz a ele" (1991: 11). A importância da escola nessa tarefa de desvelar a trama nos meios de comunicação é fundamental nos dias de hoje. Trata-se, então, de formar o leitor crítico (alunos e professores) ao aprender e conviver, ler e entender melhor os significados, mecanismos de ação e resultados práticos da influência dos meios de comunicação de massa na vida das pessoas. Abre-se espaço sobre a construção de que tipos de valores éticos, estéticos e ideológicos, e de que mudanças ocorrem no comportamento à medida que o indivíduo se relaciona e consome os meios de comunicação de massa e seus produtos. A leitura crítica da comunicação deve ocorrer, consequentemente, não somente porque o uso dos meios de comunicação de massa acontece em decorrência da indústria do consumo e/ou do poder da sedução pelo entretenimento, mas porque, acima de tudo, constitui-se em um processo de construção do real e do imaginário pelo indivíduo, marcado social e historicamente.

Optar por uma proposta pedagógica de leitura crítica da comunicação significa reconhecer o papel da mídia na formação dos educandos e perceber, no campo da comunicação de massa, um objetivo de reflexão no universo da escola, ainda que esteja presente no dia a dia dos educandos e educadores (NAGAMINI, apud CHIAPPINI, 2000).

No entanto, não basta criticar os meios de comunicação de massa; torna-se importante, também, combinar a análise dos produtos culturais com a criação-manuseio desses meios, para que as pessoas elaborem novas formas de expressão e reafirmem a cultura popular.

Estas ideias podem ser concretizadas mediante uma proposta de leitura crítica, que poderá desenvolver-se em espaços educativos como família, escola e comunidade. Sua maior eficácia está relacionada com sua inserção em um projeto político mais amplo. Destaca-se, então, seu caráter libertador, já que educar para a comunicação visa formar indivíduos capazes de desvendar a realidade e ajudar a construí-la mais democraticamente, a partir da participação social e do exercício pleno da cidadania. Daí, Citelli (apud CHIAPPINI, 2000) afirma: "Discutir os significados de ler e escrever, de exercitar dialógica ou monologicamente a linguagem, de conceber a palavra numa dimensão instrumental, nominativa ou ideológica, torna-se cada vez mais um problema de adequação ao tipo de projeto nacional que se deseja construir" (p. 20), e nesse contexto ressaltamos, portanto, a pergunta: a escola incorpora os meios de comunicação de massa em seu convívio escolar, incluindo a imensa quantidade de códigos e linguagens, imagens, ícones, símbolos, em seu cotidiano? E se incorpora, cabe a questão de como o faz? (CITELLI, apud CHIAPPINI, 2000).

Enfim, torna-se indispensável que a escola reveja sua relação com os meios de comunicação para poder se engajar numa proposta de educação para a comunicação, consciente da relevância dessa opção política para a sociedade. Poderão surgir, então, questionamentos coerentes com esta opção: de que modo os telejornais operam com as notícias? O que há de implícito/explícito na estrutura narrativa da novela, do autor, das campanhas publicitárias, dos filmes de sucesso? Quais são os motivos da sedução exercida pelos videogames? Há somente uma influência do consumo? Como analisar o fascínio pela linguagem fragmentada dos videoclipes ou dos anúncios publicitários?

Mantendo a coerência da estrutura deste trabalho, apresentamos algumas sugestões, colhidas ainda na mencionada obra de Moran e na de Chiappini, que a escola pode utilizar no esforço de desenvolver em seus alunos a capacidade de leitura crítica dos meios de comunicação.

Esta proposta é desenvolvida a partir de análises de grupos que podem ser adaptadas a situações pessoais, tendo como base o nível de percepção do grupo. As sugestões de análise que se seguem são destinadas basicamente a adultos e adolescentes, podendo, entretanto, ser adaptadas para alunos mais novos.

Na era digital ressalta-se que, além dos meios de comunicação de massa, tais como TV, rádio, revistas, jornais, cinema, merecem atenção, por exemplo, a internet e o videogame, uma vez que devem ser considerados também como elementos do processo educativo de leitura crítica da comunicação. Afinal, trata-se de incluir nesta proposta todos aqueles meios que influenciam o convívio social, as formas de pensar, sentir e se relacionar com o conhecimento.

A proposta de leitura crítica pode envolver um ou vários dos seguintes objetos de análise:

- programas de televisão em geral;
- programas de ficção (novelas e seriados);
- valores dos programas de ficção;
- obra de ficção;
- ficção confrontada com a própria experiência;
- publicidade, que abrange a credibilidade dos comerciais de rádio, jornal e televisão, os processos simplificados de comerciais, a mulher nos comerciais etc.;
- informações dos meios de comunicação;
- análise da programação infantil.

Independentemente do tipo de atividade de leitura crítica a ser desenvolvida, inicialmente deve-se analisar a relação do grupo com os meios de comunicação para apurar o que leva os indivíduos a desejá-los e querer assisti-los. O professor pode, então, fazer a cada participante da atividade perguntas sobre os seguintes aspectos:

- meios de comunicação preferidos, pela ordem de preferência;
- programas preferidos, com indicação das razões da preferência;
- o que o leva a ver TV, ouvir rádio, ler jornais e revistas, e o que o afasta de cada um dos meios de comunicação de massa.

As questões podem ser respondidas individualmente ou em pequenos grupos, e, depois, em conjunto.

O objetivo da dinâmica é traçar um quadro da relação das pessoas presentes com os meios, além de mostrar alguns valores importantes (segundo preferências e rejeições). Sabendo-se que na elaboração das respostas atuam vários mecanismos de racionalização e que há mascaramentos, principalmente ao traçar o perfil da *televisão ideal*, por exemplo, o professor deverá estar atento quanto a possíveis contradições e/ou incoerências no discurso dos participantes. Deve também fazer com que o grupo as perceba, pedindo que se expressem sobre sua relação com os meios de comunicação da maneira mais *objetiva* possível.

Uma das alternativas para analisar a informação nos meios de comunicação pode ser mediante algumas questões: como os participantes se informam, que telejornal preferem e por que, o que mudariam nesse telejornal, que semelhanças e diferenças percebem nos vários telejornais, como analisam os dois principais jornais impressos de sua cidade ou estado.

Segundo Montesano (apud CHIAPPINI, 2000), em relação aos telejornais deve-se perguntar e procurar sempre identificar o porquê da veiculação de um fato de uma determinada maneira e não de outra. Isto inclui questionar:

- Cenários: cores; como aparece o apresentador? Como estão dispostos os equipamentos?
- Técnicas de produção: são usadas vinhetas? Como? Há apresentação de matérias ao vivo? Como são apresentadas? Como é feito o enquadramento? Quem ou o que aparece em primeiro plano? Como são finalizados os assuntos tratados?
- Entrevistas: Como são feitas? Por quem? Onde ficam posicionados os entrevistados e o entrevistador? Qual o cenário apresentado? Como as respostas dos entrevistadores são veiculadas? Quanto tempo os entrevistados ficam no ar? Quem manifesta opinião? Todos os envolvidos no fato têm voz? O que é mais importante? Qual a notícia que tem mais imagens? Quais são as manchetes? Qual a sequência das notícias e suas relações? Que assuntos têm destaque? Houve a necessidade de introduzir notícias agradáveis no final do telejornal?

Esses são aspectos que devem se analisados na maior riqueza possível de detalhes, gerando relatos escritos, por exemplo, por parte do grupo, sendo depois sistematicamente discutidos.

Em outra etapa, o professor pode gravar um ou dois telejornais veiculados no mesmo dia e adquirir alguns exemplares de dois ou três jornais do dia seguinte. Cada grupo de alunos deve receber um conjunto dos mesmos jornais e elaborar, com base nesse material, um noticiário radiofônico de cinco minutos. Este noticiário poderá ser lido, como as transmissões ao vivo, ou gravado em fita. Pede-se a alguns participantes que anotem a sequência das notícias, a sua duração e as palavras-chave de cada uma. Registram-se esses dados e, em conjunto, discutem-se as coincidências e as diferenças na seleção e tratamento do mesmo material pelos grupos. A partir daí, é importante analisar esse processo nos meios de comunicação de massa em termos de neutralidade e ponto de vista de quem elabora o programa informativo. A análise pode ser enriquecida assistindo-se aos dois noticiários gravados.

Segundo Montesano (apud CHIAPPINI, 2000), outra atividade que pode ser desenvolvida consiste em solicitar que os participantes do grupo, tal qual repórteres, identifiquem, por meio da consulta a vários meios de comunicação de massa, falhas do telejornal na veiculação de determinada notícia. A partir daí, para superar a descontextualização, devem realizar um exercício de pesquisa, completando as informações, identificando relações de causa e efeito e explicitando relações entre passado, presente e futuro, contribuindo assim para o processo de construção de conhecimento.

Na análise crítica dos telejornais, educadores e educandos devem refletir e perceber diversos aspectos propositalmente dispostos neste programa, que acabam por viabilizar a sua não neutralidade e a sua coerência com interesses ideologicamente marcados. Montesano (apud CHIAPPINI, 2000) destaca alguns desses aspectos:

- As notícias a serem editadas, muitas das vezes, aparecem jogadas descontextualizadas, ou seja, relatam apenas o que aconteceu. Não remetem o telespectador a uma marca de tempo, muito menos o levam a refletir sobre as múltiplas causas e consequências dos fatos, como se estas não existissem.
- Os telejornais são construídos segundo diferentes doses de superficialidade, sensacionalismo, espetacularização do fato, seriedade ou polêmica.
- O telejornal, ao editar a notícia tornando-a concisa e facilmente digerível, pode fabricá-la; as sequências de más notícias são seguidas, ao final do telejornal, de uma notícia agradável, que pode ir desde o entretenimento, esportes até um sorriso de boa-noite do apresentador. Ora, não seria por acaso tal sequência – assim o telejornal informa a população, sem perder sua credibilidade – indispensável à audiência, porém alivia os sentimentos dos telespectadores de indignação, revolta,

desespero, tristeza, atenuados por uma notícia tipo *luz no fim do túnel* ou pelo humor que arrefece emoções e desorienta o sentido de reflexão?

Geralmente não refletimos sobre os meios de comunicação de massa como produtos culturais, com suas consequências sociais e ideológicas, por isso a leitura crítica da comunicação envolve, no caso da televisão, desmistificar a sua credibilidade, competência, veracidade, imparcialidade, fascínio e autoridade; isto significa que educadores e educandos passam a assumir o papel de, mais que telespectadores ativos, analistas e pesquisadores, desvendando mecanismos de produção da informação e suas intenções.

A proposta de leitura crítica dos meios de comunicação pode também ser desenvolvida com alunos, como indicado anteriormente. Deve-se, então, fazer com eles uma análise do seu relacionamento com esses meios; por exemplo, do que gostam e do que não gostam nos programas a que assistem. A partir desse ponto é possível desenvolver junto aos alunos uma proposta de análise do seu comportamento diante da televisão: desenhos animados, seriados, aventuras, novelas, comerciais, informação (critérios editoriais e possível manipulação), jornais impressos e programas radiofônicos.

Outro exemplo de atividade é a técnica de representação de heróis. Os alunos escolhem um herói ou personagem preferido da televisão e o desenham. Embaixo do desenho escrevem três características positivas e três negativas desse herói. Em grupos, comentam suas escolhas e os atributos escolhidos, selecionam o herói mais importante para o grupo e preparam a dramatização de uma cena desse personagem. O professor coloca os desenhos num mural e comenta com os alunos as representações, analisando as principais coincidências, os heróis preferidos, suas características e o significado dos desenhos.

Outra técnica de análise de heróis pode partir das seguintes questões: Descreva o herói. Do que você mais gosta nele? Aponte os defeitos que você vê nesse herói. Por que e em que momento você o rejeita? Se você sabe que o herói vai triunfar no fim, por que você continua vendo o programa?

Como mencionado, as atividades de leitura crítica da comunicação abrangem meios como os videogames e a internet. Em relação a estes, cabe um questionamento amplo sobre o porquê da sua utilização frequente e prolongada como opção de lazer por parte de pré-adolescentes e adolescentes. Em relação à internet, especificamente, o professor pode lançar uma atividade de pesquisa sobre um determinado tema para seus alunos, utilizando este meio e, paralelamente, propor que façam um diário dessa *navegação* de forma a levá-los a identificar seu comportamento na utilização desta TE, suas facilidades e dificuldades. Uma discussão orientada deve promover a análise da qualidade da informação disponível e da selecionada, da forma de utilização do tempo, do cumprimento dos propósitos iniciais da pesquisa, do consumo de informações indevidas do ponto de vista do grupo social em questão, da democratização deste meio, entre outros aspectos.

Destacamos que a leitura crítica da comunicação, por meio de suas atividades pedagógicas, permite, através de reflexões sistemáticas, a formação de leitores críticos não só dos meios de comunicação de massa como do próprio mundo. Nessa perspectiva, a utilização dos meios e de suas linguagens deve favorecer aos indivíduos se expressarem e exercitarem sua cidadania.

Não pretendemos, com as sugestões de atividades apresentadas, esgotar as possibilidades de exercícios de leitura crítica na sala de aula. Esperamos que as dicas aqui mencionadas sirvam como ponto de partida para que sejam descobertas e ampliadas novas possibilidades pedagógicas capazes de orientar os alunos no desenvolvimento dessa capacidade crítica tão importante para a formação do cidadão lúcido e atuante.

Referências

ALESSI, S. & TROLIP, S. (2001). *Multimedia for Learning:* Methods and Development. Boston: Allyn and Bacon.

ALVES, N. (1986). Currículos e programas: como vê-los hoje? *Cadernos Cedes*, n. 13, p. 3-5. São Paulo: Cortez.

ASSOCIAÇÃO BRASILEIRA DE TECNOLOGIA EDUCACIONAL (1980). Escolas e meios de comunicação: uma união imposta pelas circunstâncias. *Tecnologia educacional*, n. 24, mai.-jun., p. 14-21. Rio de Janeiro: Associação Brasileira de Tecnologia Educacional.

BALAN, W.C. (s.d.). http://www.willians.pro.br/didatico/indice.htm [Acesso em 13/10/2007].

BASTOS, L.R. & VASCONCELOS, A.M.A. (1976). *Quadro de giz muito usado... Pouco explorado*. Rio de Janeiro: Ao Livro Técnico.

BELLONI, M.L. (2001). *Educação a distância*. Campinas: Autores Associados.

BRASIL/Ministério da Educação (2006). *Parâmetros Curriculares Nacionais* [s.n.t.].

CAFIEIRO, et al. (orgs.) (1997). *Atracción mediática* – El fin del siglo en la educación y la cultura. Buenos Aires: Biblos.

CALMON, D.G. (1991). Análise do sistema educacional brasileiro. *Tecnologia Educacional*, n. 100, mai.-jun., p. 24-25. Rio de Janeiro: Associação Brasileira de Tecnologia Educacional.

CANDAU, V.M. (1988). *Rumo a uma nova didática*. Petrópolis: Vozes.

CHIAPPINI, L. (org.) (2000). *Aprender e ensinar com textos não escolares*. 3. ed. São Paulo: Cortez.

CLARK, R.E. & SALOMON, G. (1986). Media in teaching. In: *Handbook of Research on Teaching* – A Project of the American Educational Research Association. Nova York: Wiltrock, p. 464-478.

COELHO, I.M. (1988). A questão política do trabalho pedagógico. In: BRANDÃO, C.R. *Educador:* vida e morte. Rio de Janeiro: Graal.

COMISSÃO NACIONAL DOS CURSOS DE FORMAÇÃO DO EDUCADOR. Reformulação dos cursos de formação do educador (1988). *Cadernos Cedes,* n. 17, p. 21-26. São Paulo: Cortez.

CORTES, H.S. (1985). Rádio e televisão em sala de aula? Tecnologia a serviço da educação. *Revista do Professor,* n. 3, jun.-set.

CUCINO, M.G. (1980). *Recursos audiovisuais:* as projeções. Buenos Aires: Estrutura.

CYSNEIROS, P.G. (1990). Didática, prática de ensino e Tecnologia Educacional. *Tecnologia Educacional,* n. 94, mai.-jun., p. 25-30. Rio de Janeiro: Associação Brasileira de Tecnologia Educacional.

DEPARTAMENTO DE EDUCAÇÃO/Secretaria de Estado de Educação e Cultura/Setor de Assistência Pedagógica do Ensino Secundário e Normal (s.d.). *Seção de Recursos Audiovisuais* [mimeo.].

ESCOLA DO FUTURO (s.d.). http://www.webquest.futuro.usp.br/como/comocriar.html [Acesso em 11/10/2007].

FADUL, A. (1982). *Meios de comunicação de massa e educação no Brasil:* uma perspectiva crítica. São Paulo: Intercom.

FANTIN, N.D. (1985). Use corretamente o quadro para giz. *Revista do Professor,* n. 3, jul.-set., p. 25-30. Porto Alegre: [s.e.].

FELDENS, M.G.F. (1982). O significado do currículo por atividades. *Mutação e Realidade,* set.-dez., p. 7-17. Porto Alegre: [s.e.].

FERRAZ, C.R. (1988). Romance, novela, aventura... bom mesmo é ler por prazer. *Nova Escola,* VI (20), abr., p. 40-42. São Paulo: Vitor Civita.

FERREIRA, O.M.C. (1986). *Recursos audiovisuais no processo ensino-aprendizagem.* São Paulo: EPU.

FERREIRA, O.M.C.; SILVA, P.D.; JENSEN, R. (s.d.). Recursos auxiliares do ensino. *Revista Escola,* [s.n.], p. 114-120. São Paulo: Vitor Civita.

FORNAZIERI Jr., A. (1990). Aqui ninguém se importa de ser chamado de burro. *Nova Escola,* V (38), abr., p. 24-25. São Paulo: Vitor Civita.

GARCIA, R.L. (1986). Um currículo a favor das classes populares. *Cadernos Cedes,* n. 13, p. 45-52. São Paulo: Cortez.

GATTI, B.A. (1987). Sobre a formação de professores para 1° e 2° graus. *Em Aberto,* 6 (34), abr.-jun., p. 11-15. Brasília: Inep.

GOMES, P.G. & SOARES, I.Q. (1988). Educar com, apesar ou para a comunicação? *Revista de Educação AEC*, 17, jul., p. 7-13. Brasília: [s.e.].

GOMES, V. (1989). Telejornal entusiasma e melhora o ensino. *Nova Escola*, ano IV (32), ago., p. 38-40. São Paulo: Vitor Civita.

GRANADO, A.M.N. (1982). *Recursos audiovisuais*: um manual para o professor. Santa Maria: UFSM.

GRILLO, M. (1985). *Revista do Professor*, n. 01, jan.-mar. Porto Alegre: [s.e.].

GUERRA, R. (s.d.). Alunos fazem seus próprios livros com textos e desenhos. *Nova Escola*, ano VI (49), p. 42-43. São Paulo: Vitor Civita.

KAUFMAN, A.M. & RODRIGUEZ, M.E. (1995). *Escola, leitura e produção de textos*. Porto Alegre: Artes Médicas.

KEMP, J.E. & DAYTON, D.K. (1985). *Planning & Producing Instructional Media*. Nova York: Harper and Row.

KLEIMAN, A.B. & MORAES, S.E. (1999). *Leitura e interdisciplinaridade*: tecendo redes nos projetos da escola. Campinas: Mercado das Letras.

KUNSCH, M.M.K. (1986). *Comunicação e educação*: caminhos cruzados. São Paulo: Loyola.

LÉLIS, I.A. (1988). A prática do educador: compromisso e prazer. In: CANDAU, V.M. *Rumo a uma nova didática*. Petrópolis: Vozes.

LÉVY, P. (1999). *Cibercultura*. Rio de Janeiro: Ed. 34.

LUCKESI, C.C. (1983). Independência e inovação em Tecnologia Educacional. *Tecnologia Educacional*. Rio de Janeiro: Associação Brasileira de Tecnologia Educacional [Série Estudos e Pesquisas].

MARCOZZI, A.M.; DORNELLES, L.W.; REGO, M.V. (1965). *Ensinando à criança*. Rio de Janeiro: Ao Livro Técnico.

MELLO, G.N. (1982). *Magistério de 1° grau*: da competência técnica ao compromisso político. São Paulo: Cortez.

MELO, J.M. (1985). *Para uma leitura crítica da comunicação*. São Paulo: Paulinas.

_____ (1981). *Comunicação e libertação*. Petrópolis: Vozes.

MENDONÇA, H.M. (1974). *Os meios audiovisuais e a aprendizagem*. Rio de Janeiro: José Olímpio.

MINISTÉRIO DA EDUCAÇÃO (1987). *Qualificação profissional para o magistério* – Livro 7: Integração social. Rio de Janeiro: Fundação Centro Brasileiro de Televisão Educativa.

MIRANDA, A. (1991). Educação: instrumento de mudança. *Tecnologia Educacional*, n. 100, mai.-jun., p. 18-23. Rio de Janeiro: Associação Brasileira de Tecnologia Educacional.

MIRATEL, J. (1992). As crianças também veem os telejornais. *Nova Escola*, ano VII (55), mar., p. 39. São Paulo: Vitor Civita.

MORAN, J.M. (1991). *Como ver televisão*: leitura crítica dos meios de comunicação de massa. São Paulo: Paulinas.

MOURSUND, D. (1982). *Teachers Guide to Computers in the Elementary School*. Oregon: University of Oregon.

NÉRICI, I.G. (1973). *Educação e tecnologia*. São Paulo: Fundo de Cultura.

Nova Escola, ano III, 27 (12), p. 18. São Paulo: Vitor Civita.

NOVAES, M.E. (1987). *Professora primária*: mestre ou tia? São Paulo: Cortez.

OLIVEIRA, T.R. (1986). O livro-texto no currículo por atividades. *Educação*, 9 (11), p. 13-20. Porto Alegre: PUCRS.

PALLOFF, R.M. & PRATT, K. (2002). *Construindo comunidades de aprendizagem no ciberespaço* – Estratégias eficientes para as salas de aula on-line. Porto Alegre: ArtMed.

_____ (1999). *Building Learning Communities in Cyberspace* – Effective Strategies for the on-line Classroom. São Francisco: Jossey-Bass.

PATTO, M.H.S. (1987). *A criança da escola pública*: deficiente, diferente ou mal trabalhada? São Paulo: SE/CENP [mimeo.].

QUIROZ, T. (1989). Es posible hablar de una recepción crítica de televisión – Logros y dificultades en la experiencia de recepción critica con escolares y maestros peruanos. *Diálogos de la comunicación*, jan., p. 117-125. Lima: Federación Latino-Americana de Asociaciones de Entidades de Comunicación Social.

Relatos de experiência (s.d.) http://quemfaz.blogspot.com/2005/11/audioconferncia.html [Acesso em 13/10/2007].

RIBEIRO, S.C. (1990). A pedagogia da repetência. *Tecnologia Educacional*, n. 97, nov.-dez., p. 13-20. Rio de Janeiro: Associação Brasileira de Tecnologia Educacional.

RIZZI, L. & HAYDI, R.C. (1986). *Atividades lúdicas na educação da criança*. Rio de Janeiro: Ática.

RODRIGUES, N. (1989). *Da mistificação da escola à escola necessária*. São Paulo: Cortez.

_____ (1986). *Por uma nova escola*. São Paulo: Cortez.

SALDANHA, L.E. (1978). *Tecnologia Educacional*. Porto Alegre: Globo.

SAMPAIO, M.N. & LEITE L.S. (2005). *Alfabetização tecnológica do professor.* 5. ed. Petrópolis: Vozes.

SAMPAIO, R.P. (1980). O rádio e a escola. *Tecnologia Educacional*, n. 34, mai.-jun., p. 23-25. Rio de Janeiro: Associação Brasileira de Tecnologia Educacional.

SAVIANI, D. (1989). *Escola e democracia*: teorias da educação, curvatura da vara, onze teses sobre educação e política. São Paulo: Cortez.

SILVA, M. (1992). Geração 80/90 e o turbilhão audiovisual. In: *Educação e imaginário social*. Rio de Janeiro: Gryphus/Faculdade de Educação da UFRJ.

Smart Technologies (s.d.). http://education.smarttech.com/NR/rdonlyres/8DF4EBEE-DF3F-4F9A-8214-65B7EC43684F/0/CaseStudy_EuclidMiddleSchool.pdf [Acesso em 13/10/2007].

_____ (s.d.). http://education.smarttech.com/ste/enUS/News+and+research/Case+studies+and+best+practices/K-12+case+studies/Euclid+Middle+School.htm [Acesso em 13/10/2007].

SOARES, M. (1988). *Linguagem e escola*: uma perspectiva social. São Paulo: Ática.

STEIN, M.E. (1987). Viagem ao televisivo. *Educação Hoje*, jan.-fev. Rio de Janeiro: Bloch.

THIAGARAJAN, S. & PASIGNA, A. (1988). Literature Review on the Soft Technologies of Learning. *Basic Research and Implementation in Developing Educational Systems*, 2, jul. Cambridge: Harvard University.

UNIVERSIDADE FEDERAL DO RIO DE JANEIRO/Núcleo de Computação Eletrônica/Divisão de Ensino e Divulgação (1989a). *Recursos audiovisuais* [mimeo].

_____ (1989b). *O vídeo como recurso didático* [mimeo.].

UNIVERSIDADE FEDERAL DO RIO DE JANEIRO/SR-5/Sub-Reitoria de Desenvolvimento e Extensão (1992). *Estudo preliminar sobre a implantação do DAT/UFRJ*. Rio de Janeiro: UFRJ [fev.].

Veja (1992), 16/09, p. 78-81.

VIANNA, D.M. (1990). Formação política do professor. *Ciência e Cultura*, 42 (12), dez., i164-i167. São Paulo: SBPC.

VILARINHO, L.R.G. (1978). *Didática*: temas selecionados. Rio de Janeiro: LTC.

WIKIPEDIA (s.d.). http://pt.wikipedia.org [Acesso em 11/10/2007].

As autoras

Lígia Silva Leite - Coordenadora do presente livro, é professora-pesquisadora do Programa de Pesquisa e Pós-Graduação em Educação da Universidade Católica de Petrópolis e professora-orientadora do Programa de Doutorado em Instructional Technology and Distance Education da Nova Southeastern University. Em 1964, fez o pós-doutorado em Tecnologia Educacional na University of Pittsburg, EUA, e em 1990 concluiu o doutorado em Meios Educacionais na Temple University, EUA. Como professora-adjunta da Faculdade de Educação da Universidade Federal do Rio de Janeiro até 1995, lecionou em cursos de graduação e pós-graduação, além de coordenar projetos de pesquisa na área de Tecnologia Educacional. Possui livros e artigos publicados na área de Tecnologia Educacional e educação a distância.

Cláudia Lopes Pocho - Coordena programas educacionais em empresa pública, com foco em conservação de energia e preservação ambiental. Atua como consultora na implementação de modelo de gestão nas organizações, segundo os Critérios de Excelência da Fundação para o Prêmio Nacional da Qualidade. Iniciou sua carreira como professora do Ensino Fundamental da rede pública municipal do Rio de Janeiro e atualmente leciona no curso de Pedagogia, no ensino universitário privado. É graduada em Pedagogia pela UFRJ e mestre em Educação também pela UFRJ. Integrante de projetos de pesquisas na área de Tecnologia Educacional, possui livros e artigos publicados sobre o assunto.

Márcia de Medeiros Aguiar - Trabalha em produção de cursos via internet para universidades cooperativas. É graduada em Educação com habilitação em Magistério e Supervisão Escolar pela Universidade Federal do Rio de Janeiro, onde também participou de pesquisa na área de Tecnologia Educacional. Já atuou como consultora, supervisora, professora e *instructional designer*. Possui trabalhos publicados sobre educação.

Marisa Narcizo Sampaio - Trabalha no Sesc como uma das coordenadoras nacionais de projetos educacionais. É pedagoga e mestre em Educação pela Universidade Federal do Rio de Janeiro, onde também participou de pesquisa na área de Tecnologia Educacional. Foi professora das primeiras séries de Ensino Fundamental em escolas públicas municipais e estaduais do Rio de Janeiro, além de ter atuado em diferentes cursos e projetos de formação de professores em nível superior. Possui trabalhos e livros publicados sobre educação.